Partei, Netz, Netzpartei

Jan Odenbach

Partei, Netz, Netzpartei

Meinungs- und Willensbildung in der Piratenpartei

 Springer VS

COLLEGE

Jan Odenbach
Berlin, Deutschland

ISBN 978-3-658-00375-3   ISBN 978-3-658-00376-0 (eBook)
DOI 10.1007/978-3-658-00376-0

Die Deutsche Nationalbibliothek verzeichnet diese Publikation in der Deutschen National-bibliografie; detaillierte bibliografische Daten sind im Internet über http://dnb.d-nb.de abrufbar.

Springer VS
© Springer Fachmedien Wiesbaden 2012
Das Werk einschließlich aller seiner Teile ist urheberrechtlich geschützt. Jede Verwertung, die nicht ausdrücklich vom Urheberrechtsgesetz zugelassen ist, bedarf der vorherigen Zustimmung des Verlags. Das gilt insbesondere für Vervielfältigungen, Bearbeitungen, Übersetzungen, Mikroverfilmungen und die Einspeicherung und Verarbeitung in elektronischen Systemen.

Die Wiedergabe von Gebrauchsnamen, Handelsnamen, Warenbezeichnungen usw. in diesem Werk berechtigt auch ohne besondere Kennzeichnung nicht zu der Annahme, dass solche Namen im Sinne der Warenzeichen- und Markenschutz-Gesetzgebung als frei zu betrachten wären und daher von jedermann benutzt werden dürften.

Gedruckt auf säurefreiem und chlorfrei gebleichtem Papier

Springer VS ist eine Marke von Springer DE. Springer DE ist Teil der Fachverlagsgruppe Springer Science+Business Media
www.springer-vs.de

Danksagung

Allen voran gilt mein Dank den Akteuren in meinem Forschungsfeld: den Piraten des Landesverbandes Berlin und der *Crew Guybrush Threepwood* für ihre freundliche Aufnahme und ihre stete Bereitschaft, auf meine Neugier einzugehen. Ein besonderer Dank geht dabei an die acht Interviewpartner für ihre Zeit und die Einblicke, welche sie dem Autor gewährten. Herzlich bedanken möchte ich mich bei Prof. Maren Hartmann und Dr. Hans-Jürgen Arlt für ihre umfangreiche Betreuung. Bedanken möchte ich mich außerdem bei Kathrin und Olga für ein stets offenes Ohr und bei Andreas für seine kritische Begleitung – gerade in der Endphase der Arbeit. Ein ganz besonderes Dankeschön schulde ich meinen Eltern für ihre Unterstützung sowie nicht zuletzt Andrea für ihre Geduld und ihre Hilfe bei der Glättung der sprachlichen Unebenheiten meines Manuskriptes.

Jan Odenbach

Vorwort

In der Endphase der Verfertigung vorliegender Arbeit wurden die theoretischen Überlegungen des Autors gewissermaßen von der politischen Realität überholt. Mit dem Erfolg der Piratenpartei bei den Wahlen zum Berliner Abgeordnetenhaus am 18.09.2011 wurden nicht nur die politische Konkurrenz und die Journalisten überrascht, sondern er übertraf auch die Erwartungen der Berliner Piraten selbst. Der große Zuspruch der Wähler zeigt ein ernstzunehmendes Interesse der Bürger an einer neuen Politik, wie sie die Piraten mit ihrer Forderung nach mehr Transparenz und Bürgerbeteiligung versprechen.

Folgerichtig ließ die mediale Berichterstattung in den Tagen nach der Wahl ein gesteigertes Interesse an der Frage offenbar werden, wer die Piraten eigentlich sind und wofür sie stehen. Die hier vorgelegte Untersuchung soll helfen, jene Fragen auf der Grundlage einer Analyse der politischen Praxis in der Berliner Piratenpartei zu beantworten. Die Arbeit richtet sich nicht nur an die interessierte wissenschaftliche Öffentlichkeit, sondern auch explizit an die Mitglieder der Piratenpartei. Für ihr ambitioniertes Projekt einer transparenten Politik mit mehr Bürgerbeteiligung hofft der Autor, einen Beitrag zum besseren Verständnis der Chancen und Risiken politischer Meinungs- und Willensbildung im Netz vorlegen zu können.

Inhalt

1 Einleitung 17
2 Öffentlichkeit und Netz 20
   2.1 Öffentlichkeit als semantisches Feld 20
   2.2 Habermas' normativer Öffentlichkeitsbegriff 21
   2.3 Legitimation im politischen Diskurs 22
   2.4 Kritik an der massenmedial vermittelten Öffentlichkeit 23
   2.5 Netzkommunikation 24
      2.5.1 Strukturwandel 2.0? 24
      2.5.2 Das soziale Netz 25
      2.5.3 Persönliche Öffentlichkeiten 25
      2.5.4 Virtuelle Gemeinschaften 26
3 Partei und Netz 28
   3.1 Die etablierten Parteien 28
      3.1.1 Organisation und Massenkommunikation 28
      3.1.2 Parteien im Netz 30
   3.2 Netzpartei 30
4 Kommunikationssoziologische Grundlagen 33
   4.1 Parteiorganisation im Fokus soziologischer Analyse 33
   4.2 Bordieus Praxisbegriff 34
      4.2.1 Ressourcen 35
      4.2.2 Habitus und Normen des sozialen Feldes 36

4.3 Rahmen und Strukturen 38
- 4.3.1 Rahmenanalyse 38
- 4.3.2 Giddens Strukturtheorie 39

4.4 Analysemodell für die Nutzung neuer Medien im Social-Web 41
- 4.4.1 Die drei Strukturdimensionen 41
- 4.4.2 Die politische Dimension der Netznutzung 44

5 Methode 46
5.1 Qualitative Forschung 46
5.2 Ethnographie 47
- 5.2.1 Teilnehmende Beobachtung 47
- 5.2.2 Ethnographie und Netz 48

5.3 Dokumentenanalyse 50
5.4 Interviews 51

6 Im Feld 53
6.1 Feldzugang und vorgefundene Strukturen 53
- 6.1.1 Der Medienhype 53
- 6.1.2 Kontaktaufnahme 54
- 6.1.3 Die Crew Guybrush Threepwood 54

6.2 Das Feld als sozialer Handlungsraum 56
6.3 Die Feldrolle und die Forschungsfrage 57
6.4 Untersuchung 59
- 6.4.1 Untersuchungszeitraum 59
- 6.4.2 Das Grundsatzprogramm 60
- 6.4.3 Die kommunikative und soziale Praxis 61

6.5 Qualitative Interviews 61
- 6.5.1 Das problemzentrierte Interview 62
- 6.5.2 Auswahl und Ansprache der Interviewteilnehmer 63

6.5.3	Leitfadenstruktur	63

6.6 Offenheit und Anonymität 63

7 Die Programmentwicklung im LV-Berlin 65

7.1 Das digitale Kommunikationsnetz 65

- 7.1.1 Das Piratenwiki 66
- 7.1.2 Die Mailinglisten 67
- 7.1.3 Das Scheitern der großen Mailinglisten als Diskussionsmedien 68
- 7.1.4 Twitter 72
- 7.1.5 Blogs 74

7.2 Zwischenfazit I 74

7.3 RealLife 75

- 7.3.1 Überblick 76
- 7.3.2 Die Squads 76
- 7.3.3 Die Crews 80

7.4 Zwischenfazit II: Fragmentierung 81

7.5 LiquidFeedback 82

- 7.5.1 Funktionsweise 83
- 7.5.2 LQFB in der Programmentwicklung 88
- 7.5.3 LQFB wirkte strukturierend auf die Meinungsbildung 90

7.6 Mitgliederversammlung 91

- 7.6.1 Rechtliche und rituelle Rahmung 92
- 7.6.2 „An Bord" 92
- 7.6.3 Ergebnis 94

8 Partizipation 96

8.1 Aktivenzahlen 96

- 8.1.1 Die Aktiven-Gruppe 98

8.2 Fazit zu den Partizipationszahlen 99

8.2.1 Barrieren 99

8.2.2 Der lange Arm des RealLife 100

8.3 Partizipation in der Aktiven-Gruppe **101**

9   Fazit **104**

9.1 Postbürokratische Organisation? **104**

9.1.1 LiquidFeedback 104

9.1.2 „LiquidFeedack-Crash" 105

9.2 Piraten-Community **106**

9.3 Die Netzpartei **107**

Literaturverzeichnis **111**

Internetquellen **117**

Anhang **119**

Abbildungsverzeichnis

Abbildung 1: Analysemodell für Praktiken des onlinegestützen Netzwerkens 42

Abbildung 2: Mitgliederzahlen LV-Berlin 60

Abbildung 3: Verteilung der Mitglieder auf die Berlin Bezirke 75

Abbildung 4: Piratenpad 79

Abbildung 5: Zahl der Abstimmungen pro Person auf LQFB 97

Kurzfassung

Gegenstand vorliegender Arbeit ist die Frage, wie sich die politische Kommunikation im Umfeld der neuen Medien verändert. Am Beispiel der alltäglichen politischen Praxis in der Piratenpartei soll hierbei der Versuch unternommen werden, das Zusammenwirken von parteipolitischer Kommunikation mit der Praxis netzbasierter digitaler Kommunikation zu analysieren. Zu diesem Zweck ergriff der Autor die Gelegenheit, die empirische Wirklichkeit der politischen Arbeit in der Piratenpartei mit der Methode der teilnehmenden Beobachtung zu erfassen, um sie schließlich unter den Gesichtspunkten kommunikations-, politik- und sozialwissenschaftlicher Forschung zu diskutieren.

Als Untersuchungsfeld wurde der Entwicklungsprozess des Grundsatzprogrammes im Berliner Landesverband der Piratenpartei bis hin zu seinem Beschluss auf der Mitgliederversammlung am 23./ 24. Oktober 2010 gewählt. Aus der Perspektive eines einfachen Parteimitgliedes heraus nahm der Autor eine direkte und andauernde Interaktion mit dem Untersuchungsfeld und seinen Akteuren auf und wurde so zum teilnehmenden Beobachter an den Prozessen zur Meinungs- und Willensbildung bei den „Piraten".

Im Ergebnis entsteht das Bild einer in komplexen netzbasierten und realweltlichen Kommunikationsprozessen verwobenen Parteiorganisation, welches Hinweise auf die enormen politischen Potenziale digitaler Kommunikation in organisationstheoretischer und demokratietheoretischer Hinsicht bereithält. Es wird aber auch die Bedeutung etablierter sozialer Strukturen in der Netzkommunikation deutlich und wie ihr Einwirken die politische Arbeit stabilisieren kann.

Zudem zeigt die Analyse der politischen Praxis in der Piratenpartei, dass die Verankerung politischer Meinungs- und Willensbildungsprozesse in den digitalen Medien nicht nur Anlass zu optimistischen Prognosen im Sinne einer Revitalisierung demokratischer Strukturen gibt. Vielmehr werden gleichzeitig auch eine Reihe von neuen (und alten) Fragen zur Legitimität und Effizienz politischer Entscheidungsverfahren in dem neuen Umfeld „entfesselter Öffentlichkeiten" aufgeworfen.

1 Einleitung

Einen Tag nach den Wahlen zum deutschen Bundestag 2009 betonte Bundeskanzlerin Angela Merkel[1], dass sie das Bemühen, die jüngeren Wähler in ihrem Kommunikationsmedium – dem Internet – zu erreichen, als eine der Zukunftsaufgaben der Union ansieht. Dabei erwähnte sie mehrfach die Piratenpartei als Beispiel dafür, wie sich die politische Kommunikation zukünftiger Generationen im Internet vollziehen könnte. Spätestens mit dieser Verlautbarung von höchster Regierungsstelle wurde deutlich, dass sich nun auch für die politischen Parteien die Frage nach ihrer Zukunft im Umfeld einer sich entfesselnden digitalen Kommunikation stellt.

Mit dem Überraschungserfolg der Piratenpartei bei der Bundestagswahl 2009, der es gewissermaßen aus dem Stand gelang, mit knapp 850.000 Zweitstimmen einen Stimmenanteil von 2,0 Prozent[2] zu erringen, betrat ein neuer Akteur die politische Bühne. Dieser fand nicht nur bei der strategisch wichtigen Zielgruppe der Jungwähler besonders großen Anklang[3], sondern es gelang ihm beinahe spielerisch – praktisch ohne Budget und anscheinend auch ohne zentral geplanter Organisation und Strategie – die etablierten Parteien in ihrer Netzkommunikation zu überflügeln.[4] So schien mit der Piratenpartei im Sommer 2009 eine neue Form (partei)politischer Organisation aus dem Netz zu erwachsen, die sich anschickt, die Regeln der Online-Kommunikation in die Politik zu überführen und damit die traditionellen Routinen des vorherrschenden parteipolitischen Systems in Frage zu stellen: die „Netzpartei".

Ausgehend vom Begriff der „Netzpartei" ergründet vorliegende Untersuchung das Spannungsfeld von Online-Kommunikation und Parteiorganisation im Prozess innerparteilicher Meinungs- und Willensbildung. Damit schließt sie an eine Reihe von Arbeiten an, die sich seit dem Entstehen des Internets mit seinen

---

[1] während ihrer Pressekonferenz im Konrad-Adenauer-Haus: http://www.youtube.com/watch?v=f6KtxIwQrkw&fmt=
[2] http://www.bundeswahlleiter.de/de/bundestagswahlen/BTW_BUND_09/ergebnisse/bundesergebnisse/index.html
[3] vgl.http://www.swr.de/nachrichten/bundestagswahl/-/id=4869426/nid=4869426/did=5402104/1cvrfvw/
[4] vgl. http://meedia.de/details/article/piratenpartei-besiegt-etablierte-parteien_100022710.html

Auswirkungen auf die politische Kommunikation beschäftigen (Leggewie/ Maar 1998; Davies 1999; Johnson/ Bimber 2004). Die optimistischen Erwartungen, welche insbesondere die frühen Arbeiten zum Internet prägen und eine Revitalisierung demokratischer Prozesse mithilfe der Online-Kommunikation vorrausagen, beruhen häufig auf Annahmen normativer Demokratietheorien, die eng mit dem Öffentlichkeitsbegriff Habermas'scher Prägung verbunden sind. Diesem Ansatz wird in *Kapitel 2* nachgegangen, indem die Entwicklung des normativen Öffentlichkeitsbegriffs nachgezeichnet wird. Im Anschluss wird untersucht, welche Veränderungen der öffentlichen Sphäre durch die Netzkommunikation bereits erkennbar sind und welche politischen Effekte sich abzeichnen.

Um die Rolle der etablierten Parteien in dem sich abzeichnenden Transformationsprozess der politischen Öffentlichkeit in den Blick zu bekommen, werden in *Kapitel 3* die wichtigsten Organisationsmerkmale politischer Parteien beschrieben und auf ihr Verhältnis zur Netzkommunikation untersucht. Schließlich wird hier die Piratenpartei selbst kurz vorgestellt.

Damit rückt die soziale Wirklichkeit der Piratenpartei in den Blickpunkt des Forschungsinteresses, und es stellt sich die Frage, wie sich das Verhältnis der Piratenpartei und ihrer Mitglieder zur Netzkommunikation empirisch erfassen lässt. Dazu bedarf es zunächst eines Ansatzes zur Analyse des sozialen Feldes der Netzkommunikation. Ausgehend von dem klassischen soziologischen Dilemma zwischen Handlung und Struktur und über die dazu entwickelten Vorschläge von Pierre Bordieu (1979a) sowie Anthony Giddens (1988) wird in *Kapitel 4* ein von Jan Schmidt (2009) vorgeschlagenes Modell zur Analyse von „Praktiken onlinegestützten Netzwerkens" diskutiert. Schließlich soll daraus ein vorläufiger Ansatz zur Beschreibung politischer Praxis im Netz gewonnen werden.

Nachdem die politische Praxis im Netz als kommunikationssoziologische Kategorie grob skizziert worden ist, gilt es, ein geeignetes Feld zu ihrer Untersuchung zu identifizieren. Hierfür bietet sich der Vollzug von Meinungs- und Willensbildungsprozessen in der Piratenpartei im Rahmen ihrer Arbeit an einem Grundsatzprogramm im Berliner Landesverband an. Hierfür wird in *Kapitel 5* eine geeignete Untersuchungsmethode entwickelt. Dabei ist zu berücksichtigen, dass es in der wissenschaftlichen Forschung – im Gegensatz zu der medialen Berichterstattung über die Piratenpartei im Sommer 2009 – bisher nur wenige Untersuchungen zur Piratenpartei gibt, bei denen ein theoretischer Ansatz ausreichender Tragweite erkennbar wäre, auf dem vorliegende Arbeit aufbauen könnte. Vielmehr erscheint die Partei als ein großes politiksoziologisches Experiment im offenen Feld, dem sich nicht mit vorgegebenen Konzepten und Kategorien annähern lässt. Vorliegende Untersuchung verfährt daher explorativ. Als Ausgangs-

1 Einleitung

punkt sollen die Handlungen der Akteure im Feld mithilfe der ethnographischen Methode in den Blick genommen werden. Über die Diskussion der theoretischen Ansätze qualitativer Forschung und ihrer im Umfeld der Netzkommunikation zu berücksichtigenden Besonderheiten wird die ethnographische Methode für das Forschungsvorhaben eingeführt.

Als Untersuchungszeitraum wurde die Entwicklung des Grundsatzprogrammes im Landesverband Berlin von Juli 2010 bis November 2010 ausgewählt. *Kapitel 6* widmet sich dem Zugang zum Feld der Piratenpartei und den dort vorgefundenen Strukturen.

In *Kapitel 7* schließlich finden sich die Ergebnisse der ethnographischen Studie über die Programmarbeit innerhalb des Berliner Landesverbandes. In ihrer Zusammenfassung wird die kommunikative, soziale und politische Praxis der Berliner Piraten beschrieben.

Von besonderem Interesse bei der Frage nach den politischen Potenzialen einer „Netzpartei" sind die Partizipationsmöglichkeiten, die diese ihren Mitgliedern bietet. Durch den Vergleich von aus der Beobachtung der Netzkommunikation gewonnenen quantitativen Daten mit den qualitativen Ergebnissen aus Beobachtungen und Interviews wird in *Kapitel 8* ein Überblick über die Partizipationschancen der Piratenpartei gegeben.

In *Kapitel 9* schließlich werden die im Untersuchungsfeld gewonnenen Erkenntnisse im Rückgriff auf die zuvor entwickelten theoretischen Überlegungen bewertet. Indem dabei der Blick auf den in die Piratenpartei eingeschriebenen strukturellen Code freigelegt wird, soll der Begriff der „Netzpartei" zur Analyse ihrer Rolle im politischen System fruchtbar gemacht werden.

2 Öffentlichkeit und Netz

Politische Meinungs- und Willensbildung vollzieht sich zumeist in Sphären kommunikativen Handelns, die gemeinhin als Öffentlichkeiten beschrieben werden. Um die Rolle der Piratenpartei im politischen Diskurs in den Blick zu bekommen, wird sich im Folgenden ein Überblick über die Entstehung und Verwendung des Öffentlichkeitsbegriffes sowie seine Bedeutung für die politische Theorie verschafft.

2.1 Öffentlichkeit als semantisches Feld

Im gesellschaftspolitischen Diskurs stellt Öffentlichkeit einen Leitbegriff dar, den Bernhard Peters (2007) in drei verschiedene Begriffsverwendungen differenziert. Zum Ersten dient „öffentlich" in Abgrenzung zum „Privaten" der Bezeichnung „...von sozialen Handlungs- und Verantwortungsbereichen mit grundsätzlich verschiedenem normativem Charakter" (55). Es geht also um die Unterscheidung zwischen der Privatsphäre und den öffentlich zugänglichen Informationen über eine Person und berührt damit beispielsweise mit Fragen der Datensicherheit den Schutz der Privatsphäre.[5] Zum Zweiten wird „öffentlich" mit den Gegenbegriffen „privat" und „geheim" verbunden und dient der „...Grenzziehung im Bereich Kommunikation und Wissen" (56).[6] Dabei handelt es sich um eine Unterscheidung, die in Bereichen der Politik, staatlicher Verwaltung und Wirtschaft zum Tragen kommt. „Privat" steht hier für Wissensformen, die sich in Privatbesitz befinden – beispielweise in Form von Patenten. „Geheim" dient bei bestimmten Formen der Kommunikation zur Unterscheidung von öffentlicher Kommunikation und kommt zum Beispiel als Vertragsgeheimnis oder

---

[5] In der Programmatik der Piratenpartei z. B. spiegelt sich diese Sichtweise in ihrer Forderung nach dem Schutz der Privatsphäre im Netz wieder.

[6] Auch hier findet sich diese Sichtweise in der Programmatik der Piratenpartei wieder. Ihre Forderung nach Zugang zu Wissen für alle und nach weitgehender Transparenz für politische und staatliche Prozesse formuliert ihr Streben nach der Überwindung eben jener von Peters identifizierten Grenzziehung zwischen öffentlich zugänglichen Informationen und jenen gesellschaftlich relevanten Bereichen, in denen Informationen aus den verschiedensten Gründen unter Verschluss gehalten werden. In erster Linie wären hier mit öffentlichen Belangen in Verbindung stehende Informationen, aber auch Patentgeheimnisse und Ähnliches zu verstehen.

bei der Geheimhaltung von Vorgängen in staatlichen Behörden zum Tragen. Zum Dritten identifiziert Peters mit der „Sphäre der Öffentlichkeit" einen Bereich, der Elemente der ersten beiden Begriffsverwendungen aufnimmt und mit zusätzlichen normativen Gehalten verknüpft.

> „Öffentlichkeit bezeichnet hier eine Art Kollektiv mit einer bestimmten Kommunikationsstruktur oder eine Sphäre kommunikativen Handelns mit bestimmten anspruchsvollen Merkmalen und Funktionen." (Peters 2007: 56)

2.2 Habermas' normativer Öffentlichkeitsbegriff

Die Sichtweise von Öffentlichkeit als „Sphäre kommunikativen Handelns" wurde maßgeblich durch den von Jürgen Habermas entwickelten normativen Öffentlichkeitsbegriff geprägt. Dieser beruht auf der Annahme eines aus dem „Privaten" heraus auf öffentliche Plätze hervortretenden Publikums, welches dort über den Austausch von Meinungen Öffentlichkeit herstellt (vgl. Habermas 1994: 441ff). In STRUKTURWANDEL DER ÖFFENTLICHKEIT beschrieb Habermas (1962) zunächst die historische Entwicklung dieses umfassenden gesellschaftlichen Transformationsprozesses, der seit dem 18. Jahrhundert die politische Kultur westlicher Gesellschaften prägte. Mit seinem Verständnis von Öffentlichkeit als einer zentralen Kategorie der bürgerlichen Gesellschaft identifizierte er die Funktion (politischer) Öffentlichkeit[7] als Schlüssel zur Demokratisierung.

Um die politische Öffentlichkeit in ihrer Bedeutung für die Meinungs- und Willensbildung besser in den Blick zu bekommen, ist es wichtig zu verfolgen, wie Habermas seine Gesellschaftstheorie später weiterentwickelte. In Folge seiner Beschäftigung mit den systemtheoretischen Ansätzen von Parsons (1971) und Luhmann (1984) entwickelte er ein Verständnis moderner Gesellschaft als in unterschiedliche Teilsysteme ausdifferenziertes Sozialgefüge. Auf der einen Seite findet sich bspw. mit der Politik ein systemisch stabilisiertes Handlungssystem, das sich gegenüber den übrigen Handlungsbereichen der Gesellschaft mit einer ihm eigenen zweckrationalen Handlungslogik verselbstständigt hat (vgl. Habermas 1981b: 230). Auf der anderen Seite – und darin widerspricht Habermas der Luhmann'schen Systemtheorie – steht dem operativ geschlossenen System der Politik mit der *Lebenswelt* ein vormoderner Lebenszusammenhang der sozialen Akteure gegenüber (vgl. ebd. S.198ff). Der *Lebenswelt* räumt

---

[7] Selbstverständlich gibt es neben der politischen Öffentlichkeit auch andere Felder der Öffentlichkeit wie bspw. in Kultur, Unterhaltung und Werbung. Bei den demokratietheoretischen Betrachtungen von Peters, Habermas und anderen wird der Begriff „Öffentlichkeit" allerdings häufig als Synonym für „politische Öffentlichkeit" genutzt.

Habermas „...den Status eines stets gegenwärtigen und selbstverständlichen Horizonts des kommunikativen Handelns ein." (Albrecht 2010: 41). Sie reproduziert sich durch die alltäglichen Sinndeutungen, über die sich die Akteure miteinander verständigen. Damit geht Habermas von einer Zweiteilung der Gesellschaft in ausdifferenzierte Systeme einerseits und nicht-ausdifferenzierter *Lebenswelt* andererseits aus.

Politische Öffentlichkeit ist nun weder *Lebenswelt* noch politisches System, sondern nimmt eine Zwischenstellung ein. Sie bildet einen sprachlich konstituierten Raum, der den Resonanzboden für Probleme herstellt, die das politische System bearbeiten muss, weil sie andernorts nicht gelöst werden können. Damit die politische Öffentlichkeit aber ihrer Rolle als Vermittler zwischen der *Lebenswelt* und dem System der Politik nachkommen kann, muss sie die zu behandelnden Probleme einflussreich thematisieren und dramatisieren, um sie mit entsprechendem Entscheidungsdruck in das politische Zentrum hineinzutragen. Schließlich soll politische Öffentlichkeit zudem die weitere Problembehandlung im politischen Zentrum kontrollieren. (vgl. Habermas 1994: 435) Mit dieser Rollenzuschreibung wird der Öffentlichkeit ein normativer Charakter attestiert, der sie in demokratischen Gesellschaften als eine zentrale Legitimationsinstanz politischer Herrschaft betrachten lässt (vgl. Beck 2006: 221).

2.3 Legitimation im politischen Diskurs

Die Legitimation politischer Entscheidungen durch Öffentlichkeit korrespondiert mit der Frage, unter welchen kommunikativen Voraussetzungen sich Entscheidungsprozesse vollziehen müssen, um ein befriedigendes Maß an demokratischer Beteiligung zu erreichen. Dieser Frage ging Habermas (1994) nach, indem er eine abstrakt formulierte und normativ angelegte Diskurstheorie entwickelte. Unter dem Paradigma der Verständigungsorientierung von Kommunikation (vgl. Habermas 1981a; 1981b) lässt sie sich als idealisiertes Konzept von Sprechsituationen zum Austausch von Geltungsansprüchen lesen und stellt einen Maßstab bereit, mit dem Verfahren zur politischen Entscheidungsfindung auf ihren demokratischen Gehalt hin überprüft werden können. Damit stellte Habermas einen Zusammenhang her „... zwischen öffentlicher Kommunikation, politischen Entscheidungen, und den kommunikativen Bedingungen, unter denen beide aufeinander bezogen werden sollten." (Albrecht 2010: 9). Die normative Diskurstheorie geht von einer Konsensbildung kraft rationaler Argumente aus. Sie postuliert einen Diskurs auf „Augenhöhe" (jeder hat die gleiche Chance, mit seinen Argumenten Gehör zu finden), und sie geht von einem legitimierenden Effekt öffentlicher Diskussionen aus – also dass eine Entscheidung höhere Akzeptanz findet, wenn sie durch eine Diskussion aller Betroffenen zustande kommt. Die normative Diskurstheorie stellt aber keine Theorie im Sinne einer Sammlung empirisch überprüfbarer Aussagen dar, sondern lässt sich eher als idealisiertes demokratietheoretisches Konzept beschreiben, das als Maßstab bei der nachfolgenden kritischen Betrachtung des aktuellen politischen Systems und seiner Verkoppelung mit der massenmedialen Kommunikation dienen soll.

2.4 Kritik an der massenmedial vermittelten Öffentlichkeit

In STRUKTURWANDEL DER ÖFFENTLICHKEIT formuliert Habermas (1962) seine Kritik an der modernen massenmedial vermittelten Öffentlichkeit. In ihr sah er den Nachfolger einer untergegangenen bürgerlichen Öffentlichkeit, der die westlichen Gesellschaften die Aufklärung und den Fortschritt wissenschaftlicher Vernunft zu verdanken haben. Die nun an ihre Stelle getretene massenmediale Öffentlichkeit gewährleistet aber nicht mehr die idealtypischen Vorgaben eines rationalen Austausches von Geltungsansprüchen unter Gleichberechtigten[8], wie ihn die normative Diskurstheorie postuliert. Stattdessen werden die Diskussionen in der massenmedialen Öffentlichkeit von starken Interessengruppen dominiert. Indem sie sich der Massenmedien bedienen und durch ein Quasi-Monopol über ihre Verbreitungskanäle ein autoritäres Potenzial entfalten, sind sie in der Lage, soziale Kontrolle auszuüben. Es entsteht eine *vermachtete* Öffentlichkeit, „...die von Massenmedien und großen Agenturen beherrscht, durch Institutionen der Markt- und Meinungsforschung beobachtet und mit der Öffentlichkeitsarbeit, Propaganda und Werbung der politischen Parteien und Verbände überzogen wird" (Habermas 1994: 444). Dies erscheint aus demokratietheoretischer Sicht besonders deswegen problematisch, weil politische Kommunikation und Meinungsbildung in diesem Umfeld als ein im Wesentlichen elitegesteuerter Prozess vonstatten zu gehen scheint (vgl. Wimmer 2008: 225).

Die Beschäftigung mit den Konzepten der normativen Diskurstheorie liefert ein ausgesprochen ambivalentes Bild. Einerseits spielen sie „...eine wichtige Rolle in aktuellen Demokratie- und Legitimitätstheorien" (Peters 2007: 328). Andererseits finden sich in der Analyse der empirischen Wirklichkeit öffentlicher politischer Kommunikation eine Reihe von Anhaltspunkten, die darauf schließen lassen, dass die Realität massenmedial vermittelter Meinungs- und Willensbildung erheblich von den Idealvorstellungen normativer Demokratietheorien abweicht (vgl. Gerhards/ Neidhardt/ Rucht 1998). Das heißt: Anstelle der Übermittlung von in den *Lebenswelten* der Bürger wahrgenommenen Prob-

---

[8] den Habermas in einem räsonierenden bürgerlichen Publikum des 18 Jh. vermutete, was ihm auch Kritik einbrachte, und welches er später relativierte.

lemen in die Politik finden in der massenmedial konstituierten Öffentlichkeit lediglich Scheindiskussionen über Themen statt, die zuvor von Experten nach strategischen Gesichtspunkten ausgewählt und zugespitzt wurden (vgl. Crouch 2008). Auch Habermas (2008) erkennt an dieser Stelle die Kontrafaktizität massenmedialer Öffentlichkeit zu seinen diskurstheoretischen Vorgaben. So blieben die Bürger im öffentlichen politischen Diskurs passiv und stumm, während sie eher missmutig einem politischen Schauspiel folgten, das sie zwar am Ende entweder beklatschen oder ausbuhen dürften, in dem aber eine aktive Beteiligung am politischen Diskurs ansonsten nicht weiter vorgesehen sei (160).

2.5 Netzkommunikation

2.5.1 Strukturwandel 2.0?

Der normativen Diskurstheorie kommt die Leistung zu, die Rolle der Öffentlichkeit für den demokratischen Prozess bewusst gemacht zu haben. Aus diesem Blickwinkel wird klar, dass viele Hoffnungen, die sich auf eine Wiederbelebung demokratischer Prozesse durch das Internet richten, im Grunde auf der Annahme beruhen, dass sich durch die zunehmende Nutzung der neuen Medien ein erneuter Strukturwandel der Öffentlichkeit abzeichnet. Wenn Habermas öffentlichen Diskurs als einen „...radial in alle Richtungen ausgreifenden und kontinuierlich fortgeschriebenen Text der Öffentlichkeit" (1994: 452) beschreibt und sich Öffentlichkeit dabei „...am ehesten als Netzwerk für die Kommunikation von Inhalten und Stellungnahmen, also von Meinungen beschreiben" (ebd.: 436) lässt, so gewinnt dieser Netzwerkgedanke durch die technischen Möglichkeiten des Internets (als Netz der Netze) eine bemerkenswerte Aktualität. Im Gegensatz zur massenmedialen Öffentlichkeit, bei der aufgrund ihrer hohen Zugangsbarrieren nur wenige Kommunikatoren zu einem massenhaften Publikum sprechen (one to many), verspricht onlinebasierte Kommunikation eine öffentliche Sphäre, in der aufgrund ihrer niedrigen Zugangsbarrieren viele Kommunikatoren zu einem großen Publikum (many to many)[9] sprechen können. So wird mit der zunehmenden Nutzung des Internets die Hoffnung verbunden, dass neue Impulse zur Stärkung diskursiver Verfahren ausgehen können (Zerfass/ Welker/ Schmidt 2008). Jene Hoffnung beruht auf der besonderen Netzwerkstruktur und den Interaktivitätspotenzialen des Internets. Es wird angenommen, dass internetbasierte Informations- und Kommunikationstechnologien zu einer erhöhten Beteiligung der Bürger an politischen Entscheidungen führen (Zittel 2003). Dadurch würden

---

[9] oder auch many to one, was in der Regel als Kritikform des „Shitstorms" daherkommt, auf den weiter unten eingegangen wird.

2.5 Netzkommunikation

neue Formen der Meinungs- und Willensbildung denkbar, die insbesondere von der Stärkung direktdemokratischer Elemente und einer besseren Kontrolle der Delegierten in repräsentativen Entscheidungsstrukturen profitieren könnten.

2.5.2 Das soziale Netz

In Sachen „elektronischer Demokratie", so merkt Claus Leggewie (1998: 16) an, ist allerdings häufig zu viel von neuer Technik und zu wenig von Demokratie die Rede. Unabhängig von den genutzten Kommunikationskanälen und ihren technischen Möglichkeiten stellt sich nämlich die Frage, wie die im Horizont der *Lebenswelt* wahrgenommenen Probleme über einen im Netz verankerten politischen Diskurs bearbeitet werden können und wie sie sich in das politische System überführen lassen.

Tatsächlich finden sich in den letzten Jahren zunehmend Anzeichen dafür, dass das Netz spätestens mit dem Erreichen des als Web 2.0 titulierten Entwicklungstandes „sozial" geworden ist. Das heißt nichts weniger, als dass sich die *Lebenswelten* vieler Menschen[10] – medial vermittelt – im Netz abbilden, miteinander verknüpfen und damit Öffentlichkeiten strukturieren (vgl. Schmidt 2009). Dadurch entstehen neue Interaktivitätspotenziale, die zur Aggregation von Meinungen und zu neuen Formen von Kollaborationen führen können. Wenn also – wie oben gezeigt – die massenmediale Öffentlichkeit nicht mehr in der Lage ist, die in den *Lebenswelten* wahrgenommenen Probleme in das politische System zu übertragen, so lässt sich nun beobachten, wie die über das Netz miteinander verbundenen *Lebenswelten* ihrerseits neue Sphären der Öffentlichkeit ausbilden, in denen Probleme artikuliert und dramatisiert werden und somit auch zunehmend Druck auf das politische System ausüben.

2.5.3 Persönliche Öffentlichkeiten

Für Jan Schmidt (2009) trägt die massenhafte Nutzung des neuen sozialen Netzes[11] und seiner *Social Software* zum Entstehen bottom/ up strukturierter „persönlicher" Öffentlichkeiten bei. Diese beginnen mittlerweile, ein Gegengewicht zu der massenmedial vermittelten Öffentlichkeit zu bilden. Dabei ist vor allem die Resonanz ihrer Feedbackschleifen bemerkenswert, mit denen sich die an

---

[10] dadurch, dass sie mithilfe der Anwendung sozialer Software (wie z.B. Weblogs, Homepages, Mitteilungsdienste und soziale Netzwerke) zu digitalen Publizisten geworden sind
[11] zur Terminologie vgl. Schmidt (2009)

Politik oder Wirtschaft[12] gerichtete Kritik häufig innerhalb kürzester Zeit dramatisiert. Die Kommunikationen innerhalb dieser je nach analytischer Perspektive als fragmentierte Öffentlichkeiten (Habermas 2008), persönliche Öffentlichkeiten (Schmid 2009) oder als Gegenöffentlichkeiten (Wimmer 2008) beschriebenen Sphären sind aber noch weit davon entfernt, die massenmediale Öffentlichkeit mit ihren klassischen Leitmedien (Presse und Fernsehen) abzulösen. Dennoch stehen die Akteure in Netz und Massenmedien unter gegenseitiger Beobachtung. Nicht nur setzen sich die in der massenmedialen Öffentlichkeit geführten Diskussionen in der Online-Welt fort, sondern auch diese steht unter der Beobachtung durch die klassischen Massenmedien.[13] Dieses wechselseitige Beobachtungsverhältnis dürfte überdies den Resonanzboden für den „Hype" um die Piratenpartei im Frühjahr/ Sommer 2009 gebildet haben, als ein sich zunächst im Netz vollziehender Diskurs die Aufmerksamkeit der Massenmedien errang, und sich schließlich die Mitgliederzahl der Piratenpartei innerhalb kürzester Zeit verzehnfachte (vgl. Kap. 6).

2.5.4 Virtuelle Gemeinschaften

Manche Forschungsarbeiten zum Internet fokussieren weniger auf Veränderungen in der öffentlichen Sphäre und ihrem Einfluss auf bereits bestehenden politischen Strukturen, als dass sie eine neue Form von Gemeinschaft[14] im Netz verwirklicht sehen. Mit der Konzeption einer *Cyberdemokratie* wird die Entstehung neuer Netzwerke (Castells 2002b) und virtueller Gemeinschaften (Gläser 2005; Meckel 1999; Kamps 1999) postuliert, welche die etablierten politischen Strukturen und Prozesse ergänzen könnten. Hier geht es weniger darum, dass Probleme zu ihrer Lösung in das politische System übermittelt werden sollen, als dass sich im Netz Gemeinschaften bilden, die sich selbst um die Lösung ihrer Probleme bemühen.

---

[12] um nur die zwei wichtigsten ausdifferenzierten Teilsysteme in der Gesellschaft zu benennen

[13] Dies gilt vor allem, weil die klassischen Leitmedien auch zunehmend online publizieren, was wiederum zu weiteren Rückkopplungsschleifen zwischen beiden führt.

[14] Der Gemeinschaftsbegriff wurde von Ferdinand Tönnies (1991 {1887}) als Gegensatz zur „Gesellschaft" in die Soziologie eingeführt.. Gemeinschaften sind durch gemeinsam geteilte Wert- und Moralvorstellungen sowie Umgangsweisen mit Dingen, Menschen und Symbolen gekennzeichnet. Sie bleiben bei Tönnies in den Kontext nichtvoluntaristischer sozialer Beziehungen mit hohen Ein-und Ausstiegskosten eingebunden. Somit stehen sie als vormoderne Sozialstrukturen der Individualität moderner liberaler Gesellschaften entgegen. In der aktuellen Literatur zu sozialen Beziehungen im Netz wird der Begriff der Gemeinschaft (Community) allerdings in einem wesentlich weiter gefassten Rahmen genutzt (Netzgemeinschaft, Brand-Community etc.), was den Gemeinschaftsbegriff seiner ursprünglichen kontextuellen Einbettung beraubt, und ihm ein gewisse Beliebigkeit zuteil werden lässt.

2.5 Netzkommunikation

Der Begriff der *virtuellen Gemeinschaft* wurde durch Howard Rheingolds (1994) Schilderung des Computernetzwerkes WELL in Kalifornien geprägt. Rheingold beschreibt *virtuelle Gemeinschaften* als soziale Zusammenschlüsse, die dann im Netz entstehen, wenn dort ausreichend viele Leute öffentliche Diskussionen „...lange genug führen und dabei ihre persönlichen Gefühle einbringen, so daß im Cyberspace ein Geflecht persönlicher Beziehungen entsteht" (1994: 16). Rheingold sieht im Entstehen *virtueller Gemeinschaften* einen Beleg für das wachsende Bedürfnis der Menschen, soziale Beziehungen mit Hilfe der computervermittelten Kommunikation herzustellen, „...weil in der wirklichen Welt die Räume für zwanglose soziale Kontakte immer mehr verschwinden" (ebd.: 17).[15] In diesem Phänomen entdeckt er politisches Potenzial, da er den Kommunikationsmedien eine politische Schlüsselfunktion zuschreibt. Computervermittelte Kommunikation bietet die Möglichkeit, „...das Monopol der politischen Hierarchie über leistungsfähige Kommunikationsmedien zu durchbrechen und dadurch die von den Bürgern ausgehende Demokratie wieder neu zu beleben" (ebd.: 27). So könnte eine neue „elektronische Agora" entstehen (vgl. Gore 1994). Gleichwohl sieht Rheingold die Gefahr, dass durch den Missbrauch des Netzes eine düstere Vision des „Panopticons"[16] verwirklicht werden könnte.

Umstritten bleibt aber, ob sich Gemeinschaften – in dem strengen begrifflichen Sinne, wie ihn Ferdinand Tönnies (1991 {1887}) benutzt – tatsächlich in den virtuellen Welten der computervermittelten Kommunikation finden lassen (vgl. Stegbauer 2001; Johnson/ Bimber 2004). Auf der einen Seite wird darauf hingewiesen, dass virtuell verankerte soziale Beziehungen aufgrund ihrer geringen Ein- und Ausstiegshürden sowie ihrer meist engen thematischen Grundlagen zu geringe Bindungskraft entwickeln, um sie als „Gemeinschaft" bezeichnen zu können. Auf der anderen Seite zeichnet sich das von Rheingold beschriebene Netzwerk der WELLianer gerade durch seine realweltlichen Bindungen aus. „WELLianer die weiter als eine Autofahrt von der Bucht von San Francisco entfernt wohnen, können nur eingeschränkt an den lokalen Netzen persönlicher Bekanntschaften teilnehmen." (Rheingold 1994: 12)

---

[15] Zum Verschwinden sozialer Gemeinschaften im öffentlichen Raum siehe auch: Putnam (2000)
[16] Das „Panopticon" ist ein Vorschlag Jeremy Benthams aus dem 18. Jahrhundert für ein sicheres Gefängnis, in dem ein Wächter jederzeit jeden Gefangenen sehen kann, während es für die Gefangenen unmöglich ist festzustellen, ob sie nun gerade beobachtet werden oder nicht. So würden sich die Gefangenen jederzeit so verhalten, als stünden sie unter ständiger Überwachung. Michel Foucault (1977) führte diesen Begriff bezogen auf die moderne Massenkommunikation in **ÜBERWACHEN UND STRAFEN** in die Gesellschaftstheorie ein.

3 Partei und Netz

Die in *Kapitel 2* behandelten Ansätze zu der Frage, inwieweit das Netz neue Möglichkeiten zu einer verbesserten Kommunikation zwischen den Bürgern und Politikern bereitstellt, erhielt mit dem überraschenden Erfolg der Piratenpartei bei der Bundestagswahl 2009[17] eine bemerkenswerte Wendung. Trotz der durchaus vorhandenen Bemühungen der etablierten Parteien, mit ihrer Wahlkampfkommunikation auch im Netz aufzutreten, blieben diese weitgehend wirkungslos. Im Gegensatz dazu formierte sich aus dem Netz heraus ein neuer politischer Akteur. Mit der Piratenpartei ergriffen also Bürger die politische Initiative, denen es nicht mehr reichte, sich über die neuen Medien Gehör in der etablierten Politik zu verschaffen, sondern die durch Gründung einer eigenen Partei selbst zu politischen Akteuren wurden. Damit aber stellt sich die Frage nach der Zukunft der Politik in einer sich wandelnden Kommunikationssphäre in einem neuen Licht. Wie lässt sich der Erfolg der Piratenpartei im Netz erklären? Inwieweit unterscheidet sich die Piratenpartei von den etablierten Parteien? Wie verhält sich ihre Organisationswirklichkeit gegenüber den in den etablierten Parteien vorherrschenden Abläufen? Welche Herausforderungen für politische Organisationen im Umfeld zunehmender Netzkommunikation[18] werden damit deutlich?

3.1 Die etablierten Parteien

3.1.1 *Organisation und Massenkommunikation*

Vergleicht man die Netzwerkstrukturen des Internets mit den Organisationsmerkmalen der etablierten Parteien, so wird deutlich, wie sehr letztere im Kern noch immer auf den zentralistischen Organisationprinzipien des späten 19. Jahrhunderts – der Gründungsphase der modernen Massenparteien – beruhen. Von

---

[17] http://www.bundeswahlleiter.de/de/bundestagswahlen/BTW_BUND_09/ergebnisse/bundesergebnisse/index.html

[18] 69,4% der über 14jährigen Deutschen nutzen mittlerweile das Internet mit einer durchschnittlichen Verweildauer von 136 Minuten täglich (vgl. van Eimeren, B. & Frees, B. 2010)

3.1 Die etablierten Parteien

den Ortsvereinen über die Kreis- und Landesverbände bis hin zur Zentrale straff durchorganisiert, waren die Massenparteien des 19. Jahrhunderts ein Erfolgsmodell für die damalige Aufgabe, eine sehr große Zahl an Mitgliedern einzubinden und für die politische Arbeit zu disziplinieren (vgl. Wiesendahl 2006: 55)[19]. Zwar wandelten sich die Massenparteien in der Mitte des letzten Jahrhunderts zu Volksparteien (Catch-All-Parties)[20], dies hatte allerdings weniger interne organisatorische Umstrukturierungen zur Folge, als dass sie sich mit ihrer Außenkommunikation an die Erfordernisse der modernen Massenmedien anpassten. Vertreten durch telegene Spitzenpolitiker, die mit in kurzen „Soundbytes" gepackten Statements in der massenmedialen Öffentlichkeit auftraten, gelang es den Parteien, insbesondere das Fernsehen für ihre politische Kommunikation zu nutzen. Diese Ausrichtung auf die massenmediale Kommunikation ging allerdings langfristig auch mit einer zunehmenden Entfremdung des politischen Establishments von den Bürgern einher (vgl. Crouch 2008: 38). Zudem scheint sich das politische Establishment auch von der eigenen Parteibasis, die sich von den Entscheidungen ihrer Führung immer weiter ausgeschlossen fühlt, zunehmend abgekoppelt zu haben.

Prinzipiell lassen sich die etablierten Parteien als Organisationen beschreiben, deren einfache Mitglieder[21] nur auf der untersten Stufe der Parteienhierarchie zur Mitsprache berechtigt sind. Oberhalb beginnt die Gremienpartei mit ihrem Delegiertensystem (Wiesendahl 2006: 36). Zudem lagerte die in den Gremien etablierte Funktionärselite in den letzten Jahrzehnten ihre Kommunikationsplanung zunehmend auf externe Agenturen aus. Professionelle Politikberater und Kommunikationsstrategen versuchen seither, die Vermittlung von Politik in den Massenmedien zu kontrollieren (Becker 2003; Crouch 2008). Diese Form der Anpassung der politischen Kommunikation an die Erfordernisse einer massenmedialen Öffentlichkeit hatte mit den Wahlsiegen von Clinton, Blair und Schröder in den 1990er Jahren einen Höhepunkt erreicht. Mittlerweile jedoch scheint die Wirkung zentral geplanter und mit hohem finanziellen Aufwand in den Massenmedien umgesetzter Kampagnen zu verpuffen. Nicht nur die Wahlbürger, sondern auch die parteipolitische Basis sehen sich von den Entscheidungsprozessen der politischen Elite immer weiter ausgeschlossen, wovon nicht

---

[19] Wiesendahl (1998) weist aber gleichzeitig auch darauf hin, dass die in Parteien ablaufenden Prozesse sich oftmals viel unorganisierter und anarchischer vollziehen, als es ihre hierarchische Organisationsstruktur vermuten lässt.
[20] vgl. Otto Kirchheimer (1965)
[21] die rund 85% der Parteimitglieder ausmachen

nur die sinkende Wahlbeteiligungen[22] sondern auch die abnehmende Mitgliederzahlen der großen Parteien zeugen (vgl. Wiesendahl 2006: 28).

3.1.2 Parteien im Netz

Bereits Ende der 1990er Jahre hatten die etablierten politischen Parteien in Deutschland begonnen, sich mit den Möglichkeiten des Internets für die politische Kommunikation zu beschäftigen. Nachdem es Howard Dean im US-amerikanischen Vorwahlkampf 2004 gelungen war, eine überraschend starke Unterstützung im Internet zu mobilisieren[23], kamen im bundesdeutschen Wahlkampf 2005 bereits einige Instrumente der Online-Kommunikation zum Einsatz. Unter dem Eindruck der Obama-Kampagne 2008 schließlich waren die Bemühungen der Parteien unübersehbar, die Mobilisierungspotenziale der neuen Medien bei der Bundestagswahl 2009 für sich zu nutzen. Es wurde eine beachtliche Zahl von Webpräsenzen aufgebaut, Wahlwerbespots konnten auf Youtube eingesehen werden, die Politiker „twitterten" und legten sich Facebook-Profile zu. Gleichwohl dürfte der Erfolg dieser Maßnahmen als marginal angesehen werden. SPD und CDU/CSU verloren insgesamt an Stimmen. Und ob die Gewinne der kleineren Parteien auf ihre Netzaktivitäten zurückzuführen sind, darf in Anbetracht der relativ geringen Resonanz, die diese im Gegensatz zur Piratenpartei[24] im Netz auslösten, zumindest bezweifelt werden.

3.2 Netzpartei

Während die etablierten Parteien im Netz nicht entscheidend punkten konnten, führte der Wahlkampf 2009 dennoch zu einem bemerkenswerten Ergebnis für die Zukunft der politischen Kommunikation im Netz. Mit dem Erfolg der bis dahin unbekannten Piratenpartei, erwuchs aus dem Netz eine Protestkommunikation gegen die unter den Chiffren „Zensursula"[25] und „Stasi 2.0" benannten düs-

---

[22] bei der Bundestagwahl 2009 mit 70,8 % nochmals 6,9 % weniger als 2005. Vgl. http://www.bundeswahlleiter.de/de/bundestagswahlen/BTW_BUND_09/ergebnisse/bundesergebnisse/index.html
[23] die er allerdings nicht in entsprechende Stimmengewinne übersetzen konnte
[24] „Mit Abstand am häufigsten ist die Piratenpartei Thema im öffentlichen Diskurs der parteiunabhängigen politischen Blogs und Seiten." www.wahlradar.de
[25] Der Begriff „Zensursula" beschreibt den kritischen Diskurs um ein Gesetz, das von den Unionsparteien im Frühjahr 2009 eingebracht wurde. Mit der Familienministerin Ursula von der Leyen als Gallionsfigur sollte dieses Gesetz vorgeblich der Bekämpfung von Kinderpornographie im Internet dienen. Kritiker sehen aber in der Konstruktion dieses Gesetzes keineswegs

3.2 Netzpartei

teren Visionen eines durch staatliche Überwachung als „Panopticon"[26] missbrauchten Internets. Die Interpretation der Piratenpartei allein als Datenschutz- und Bürgerrechtspartei greift aber zu kurz. Aus dem Blickwinkel der „digitalen Revolution"[27] und vor der Hintergrundfolie der „Freiheit im Netz" greifen die Piraten neue Themen[28] auf. Zudem bewerten sie bestehende Konflikte[29] neu, die wesentlich weiter reichen als die Angst vor staatlicher Überwachung. Dabei gelang es ihnen, eine politischen Botschaft zu formulieren, die Fragen um die Zukunft des Netzes mit der Forderung nach einer neuen Form der Politikgestaltung verknüpft. Dadurch konnte die Piratenpartei eine Position im politischen Spektrum einnehmen, die bisher von den etablierten Parteien nicht besetzt werden konnte: die Position der „Netzpartei".

Der Begriff der „Netzpartei", der hier zunächst stellvertretend für die Wahrnehmung der Piraten als „Internetpartei", „Partei der Digital Natives" oder „Nerdpartei" eingeführt wird, stützt sich in erster Linie auf die Themenwahl der Piratenpartei.[30] Dass ihr dabei eine Avantgarde-Stellung attestiert wird, liegt aber nicht nur in ihrer Programmatik, sondern auch in der Verankerung ihrer Kommunikation in der digitalen Welt begründet (Zolleis/ Prokopf/ Strauch 2010; Blumberg 2010). Deshalb soll die vorwiegend unter dem Gesichtspunkt der *Politikdarstellung*[31] vorgenommene begriffliche Einordnung als „Netzpartei" in vorliegender Arbeit lediglich als Ausgangspunkt genommen werden, um das Phänomen „Piratenpartei" auch unter dem Gesichtspunkt der *Politikherstellung* zu untersuchen. Mit ihrer Netzwerkstruktur scheint sich die Piratenpartei in einem neuen Modus politischer Organisation zu manifestieren, der auf einer sozialen Praxis im Netz basiert, die für viele Menschen inzwischen zum Teil ihrer alltäglichen *Lebenswelt* geworden ist.[32] Somit gerät ein neuer Aspekt der digitalen Kommunikation in den Blickpunkt – nämlich ihr Einfluss auf die Organisationstrukturen politischer Parteien.

Oben wurde gezeigt, wie sehr bei den etablierten Parteien die zentralistische und hierarchische Strukturierung ihrer Abläufe von den Prinzipien bürokrati-

---

[26] eine Maßnahme zum Schutz von Kindern vor Missbrauch, sondern den Einstieg in ein staatlich kontrolliertes Zensursystems, durch das die Meinungsfreiheit im Netz massiv gefährdet werde.
vgl. Kap. 2.5.1
[27] vgl. Castells (2002a: 1)
[28] Verhinderung des Einstiegs in eine Zensur des Netzes, konkrete Forderungen nach informationeller Selbstbestimmung und Datenschutz, Reform des Urheberrechts, Implementierung des Open-Access-Prinzips und mehr Transparenz auf allen Ebenen der staatlichen Ordnung. (vgl. Blumberg 2010)
[29] wie z.B. in der Frage der Durchsetzung der Urheberrechte im Internet
[30] Weswegen er zum Teil auch von einigen prominenten Piraten abgelehnt wird, die die Partei inzwischen wesentlich breiter programmatisch aufgestellt sehen.
[31] Zu *Politikdarstellung* und *Politikherstellung* vgl. Sarcinelli/Tenscher (2008).
[32] Mehr dazu in Kapitel 4

scher Organisationen geprägt ist. Bürokratische Organisationen stehen meist vor der Aufgabe, die Transaktionskosten ihrer Abläufe durch zentrale Planung und hierarchische Strukturen unter Kontrolle zu halten. Je weiter nun die Transaktionskosten zur Beschaffung und Weitergabe von Informationen durch Online-Kommunikation gesenkt werden können, umso mehr können es sich Organisationen erlauben, in ihren Abläufen und Prozessen zu experimentieren und damit auch flexibler zu reagieren. Eventuelle Redundanzen und unproduktive Prozesse gefährden aufgrund der niedrigeren Transaktionskosten die Organisation nicht mehr in dem Maße, wie es bei klassischen bürokratischen Organisationen der Fall wäre. Mit anderen Worten: Die Organisation kann es sich leisten, Fehler zu machen, und aus Fehlern kann man lernen.

So befördern niedrige Transaktionskosten einen Typus postbürokratischer Organisation, der lernfähiger ist und sich durch flache Hierarchien und größere Offenheit nach außen von bürokratischen Organisationen unterscheidet. (Johnson/ Bimber 2004: 254ff) Dieses Konzept, das beispielsweise Castells (2002a) bereits in den globalen Netzwerkunternehmen verwirklicht sieht, lässt sich auch mit Blick auf die Piratenpartei vermuten. Die Verankerung der *Lebenswelten* der Parteimitglieder in der digitalen Kommunikation und die offenkundige Tatsache, dass sich die Piraten ohne nennenswerte finanzielle Mittel organisieren können, lässt die Frage zu, ob sich in ihrer Organisationswirklichkeit flache Hierarchien, eine große Freiheit zum Experimentieren und flexible Strukturen und Prozesse mit großen partizipativen Potenzialen finden lassen. Unter diesem Gesichtspunkt ließe sich das Etikett der „Netzpartei" auch als ein Versprechen lesen: das Versprechen eines neuen Parteitypus', der mit Hilfe der digitalen Kommunikationstechnologien in der Lage ist, eine neue Praxis der *Politikherstellung* zu implementieren. Eine *Politikherstellung*, die aufgrund ihrer partizipativen und transparenten Praxis helfen könnte, die viel beklagte Kluft zwischen den Bürgern und ihren politischen Vertretern zu verringern.

4 Kommunikationssoziologische Grundlagen

Der Versuch, die Piratenpartei als „Netzpartei" zu beschreiben, bedeutet danach zu fragen, wie und mit welcher Wirkung sich die Nutzung der neuen Medien auf die politische Praxis der Piratenpartei ausprägt. Dabei gilt es, nach analytischen Ansätzen Ausschau zu halten, mit denen sich die Nutzung neuer Medien in einen kommunikationssoziologischen Rahmen fassen lässt. Zu diesem Zweck wird in diesem Kapitel das von Jan Schmidt (2009) entwickelte Modell zur Analyse sozialer Praxis im Netz vorgestellt. Um es auf seine Eignung zur Beschreibung der politischen Praxis in der Piratenpartei überprüfen zu können, muss aber zunächst ein Blick auf den Stand der Forschung zu (Partei)Organisationen in den Sozialwissenschaften geworfen werden.

4.1 Parteiorganisation im Fokus soziologischer Analyse

In den Sozialwissenschaften werden Parteiorganisationen wahlweise als Handlungsgebilde oder als kollektive Akteure beschrieben (vgl. Wiesendahl 1998). Dies beinhaltet die Möglichkeit, deren Struktur- und Funktionsweise aus sowohl einer handlungsorientierten, als auch einer strukturdeterministischen Perspektive heraus zu analysieren.

Zur Beschreibung von Organisationen in ihrer Rolle gegenüber Politik und Gesellschaft haben sich besonders die strukturdeterministischen Ansätze als fruchtbar erwiesen. Allen voran ist hier der systemtheoretische Ansatz von Niklas Luhmann (1981) hervorzuheben, der einen weitreichenden Beitrag zur Organisationsforschung geleistet hat. Luhmann fasst Organisationen als operativ geschlossene Systeme auf. Die Organisationsmitglieder sind allerdings nicht Bestandteil dieser Systeme, sondern sie bilden als psychische Systeme eine der Umwelten, mit denen Organisationen eng strukturell gekoppelt sind. Bei der Untersuchung von Meinungs- und Willensbildungsprozessen innerhalb von Parteien hingegen droht eine allzu systemische Sichtweise auf Organisationen unüberwindbare Probleme zu bereiten, wenn sie die individuellen Perspektiven der Organisationsmitglieder nicht zu fassen vermag. Vielmehr bedarf es hier einer Methode, die „...dort ansetzt, wo jedes Organisationsleben von Parteien beginnt und auch endet, nämlich bei den Mitgliedern" (Wiesendahl 1998: 109). Eine solche an den Handlungen der Mitglieder orientierte Herangehensweise scheint umso dringender geboten, als es sich bei Parteien im Allgemeinen und bei der Piratenpartei im Besonderen um Organisationen handelt, die sich durch den freiwilligen Charakter ihrer Mitgliedschaft von anderen Organisationen in Wirtschaft und Verwaltung unterscheiden. Dies bedeutet, dass die Organisationswirklichkeit der Piratenpartei aus Zusammenhängen heraus interpretiert werden muss, bei denen die Handlungen der einzelnen Akteure eine zentrale Rolle spielen.

Einerseits sind Organisationen durch die Handlungen ihrer Mitglieder geprägt, und im Falle der noch jungen Piratenpartei entstehen sie erst durch sie. Andererseits üben Organisationen durch ihre Strukturen einen unmittelbaren Einfluss auf gerade jene Handlungen aus, die sich in ihrem Rahmen abspielen. Ob es also die sozialen Handlungen der Piraten sind, aus denen Strukturen (Netzwerke, Technologien, Routinen, Regeln, Normen, Hierarchien usw.) ableiten lassen, oder ob es gerade jene Strukturen sind, die das Handeln der Parteimitglieder determinieren, kann nicht vorab geklärt werden. So empfiehlt sich zum weiteren Vorgehen die Wahl eines sozialtheoretischen Ansatzes, der sich im Vorfeld nicht allzu sehr auf die Erklärungsanteile von Handlung oder Struktur verfestigt.

4.2 Bordieus Praxisbegriff

Um handlungsorientierte und strukturorientierte Modelle gleichermaßen bei der Analyse der Meinungs- und Willensbildung in der Piratenpartei im Blick zu behalten, ist ein Zugang aus praxistheoretischer Perspektive hilfreich. Der Begriff der Praxis lässt sich im sozialtheoretischen Diskurs auf Pierre Bordieus ENTWURF EINER THEORIE DER PRAXIS (1976) zurückführen. Bordieu entwickelte seine Theorie aus der Kritik an einerseits handlungsorientierten, subjektivistischen Sozialtheorien (*Rational Choice Theorie* und Jean-Paul Sartres *Existenzphilosophie*[33]) und andererseits objektivistischen Denkmodellen, die er in erster Linie mit dem strukturalistischen Denken von Lévi-Strauss (1967) identifizierte.

Der Strukturalismus berücksichtigt die kontextuelle Eingebundenheit sozialen Handelns, indem er der Situationsdeutungen und Strategien der Akteure als kollektiv geteilte kulturelle Codes erkennt. Insofern hilft eine strukturalistische Sichtweise, die Vorstellung eines rein zweckrational handelnden *Homo oecono-*

---

[33] vgl. DAS SEIN UND DAS NICHTS (1985)

4.2 Bordieus Praxisbegriff

*micus*³⁴ zu korrigieren. Am Strukturalismus Lévi-Strauss' wiederum kritisiert Bordieu dessen „praxeologische Blindheit" (vgl. Reckwitz 1997: 84). Dabei bezieht er sich vornehmlich auf zwei Punkte:

- Strukturen lassen sich nicht vollständig und kontextindifferent in Handlungen umsetzen. Akteure übersetzen vielmehr strukturelle Vorgaben situations- und kontextabhängig in spezifische Handlungsstrategien, mit denen sie ihre praktischen Interessen verfolgen.

- Strukturen bestimmen zwar Handlungen (mit), allerdings hält der Strukturalismus für die Entstehung von Strukturen und ihre fortlaufende Veränderung keine Erklärungen parat. (vgl. ebd.)

Mit seiner Theorie der Praxis versucht Bordieu den strukturellen Determinismus in einem Ansatz aufzulösen, der dem Einfluss des interessegeleiteten Handelns gerecht wird, ohne dabei wieder auf die Idee eines *Homo oeconomicus* als „bindungs- und wurzelloses Subjekt" (Bordieu 1987: 89) zurückzufallen. Konstituierend für die soziale Praxis sind demzufolge drei strukturelle Dimensionen:

- Ressourcen
- Habitus
- Normen des sozialen Feldes

Obgleich diese drei strukturellen Dimensionen dem Vollzug sozialer Praxis vorausgesetzt sind, bilden die einzelnen Handlungsakte, deren kontinuierliche Produktion soziale Praxis entstehen lässt, keineswegs nur den Vollzug vorgegebener Strukturen, wie es strukturdeterministische Modelle nahelegen. Vielmehr betrachtet Bordieu Handlungen als in ihrer Logik der Praxis zeitlich strukturiert und interessegeleitet.

4.2.1 Ressourcen

Hinsichtlich des strukturellen Einflusses von Ressourcen auf die soziale Praxis hat Bordieu (1983) den Kapitalbegriff von Marx weiterentwickelt. Neben dem ökonomischen Kapital gelten für Bordieu auch soziales und kulturelles Kapital

---

[34] Stark vereinfacht ausgedrückt beschreibt das Bild des *Homo oeconomicus* einen Akteur, der unter verschiedenen Entscheidungsalternativen diejenige auswählt, die ihm den größtmöglichen Nutzen bei geringstmöglichem Aufwand beschert.

als strukturelle Dimension der sozialen Praxis und können somit ebenfalls zur Reproduktion sozialer Ungleichheit beitragen. Am Beispiel der gehobenen Schichten in Frankreich zeigt Bordieu auf, wie jene sich nicht nur aufgrund ihres besseren Zuganges zu ökonomischen Kapital, sondern auch ihrer bevorzugten Ausstattung an kulturellem und sozialem Kapital von den übrigen Schichten abheben. Da die einzelnen Kapitalformen untereinander tauschbar sind[35], stehen ökonomisches, kulturelles und soziales Kapital in ihrem Zusammenwirken für den strukturierenden Einfluss von Ressourcen auf die soziale Praxis.

4.2.2 Habitus und Normen des sozialen Feldes

Bordieu entwickelte den Habitus-Begriff bereits bei seinen frühen ethnologischen Feldstudien in der Kabylei im nördlichen Algerien der 1950er und 1960er Jahre. Die dortige Gesellschaft war ursprünglich durch eine vorkapitalistische Form symbolischer Ökonomie konstituiert und kam zu jener Zeit mit westlich geprägten Marktwirtschaften in Berührung, die eine Artikulation von ökonomischen Interessen und ein rationales Kalkül von Nutzenmaximierung und Mittelwahl voraussetzten. Damit gerieten die Kabylen mit ihrem traditionellen Verständnis von Ehre, das verbietet ökonomische Interessen offen zu äußern, in Widerspruch zu dem zweckrationalen Konzept des Gütertausches marktwirtschaftlicher Ökonomie (vgl. Boengarts 2008). Vor dem Hintergrund dieses Konfliktes hinterfragte Bordieu die Interessen, zu deren Durchsetzung Akteure situationsspezifische Handlungsstrategien entwickeln, und stieß dabei auf eine kollektiv geteilte und kontextübergreifende Struktur von Handlungsdispositionen. Bordieu ging davon aus, dass sich die unbewusst vorliegenden Handlungsdispositionen als Habitus im Körper des Akteurs finden lassen, und dass diese Ausdruck von Machtverhältnissen sind und zu bestimmten Wahrnehmungs- und Verhaltensweisen anleiten.

„Handlungsdispositionen – die Bordieu primär als klassen- und milieuspezifisch, sekundär auch als alters- und geschlechtsspezifisch annimmt – bestimmen gleich einem 'praktischen Sinn', was Handelnde überhaupt wollen können, zu welchen Handlungen sie gewissermaßen befähigt sind und zu welchen nicht. Als modus operandi bringt die, in der Regel vorbewusst bleibende, Struktur des Habitus die Handlungspraxis hervor." (Reckwitz 1997: 87)

---

[35] Allerdings in dem Sinne eingeschränkt, dass nicht eine Kapitalform allein aus sich heraus eine andere hervorbringen kann.

4.2 Bordieus Praxisbegriff

Auch wenn Bordieu beim Studium der algerischen Gesellschaft gerade aufgrund der Dynamik, die sich infolge des Konfliktes zwischen der traditionellen symbolischen Ordnung und der kapitalistischen Ökonomie entfaltete, den Begriff des Habitus entdeckte, so hat er ihn erst vollständig in seinem Hauptwerk **DIE FEINEN UNTERSCHIEDE** (1979) entwickelt. Hier dominiert schließlich eine Sichtweise auf den Habitus, die auf seine Bedeutung für die Stabilisierung gesellschaftlicher Verhältnisse ausgelegt ist und sich somit besonders zur Analyse sozialer Reproduktion eignet. Dies gilt umso mehr, weil Bordieu mit dem kulturellen Kapital eine strukturierende Ressource ausmacht, deren Besitz er – analog zum Begriff des ökonomischen Kapitals im marxistisch materialistischen Sinne – als bestimmenden Faktor zur Produktion und Reproduktion sozialer Ungleichheit identifiziert. So sucht Bordieu die „praxeologische Blindheit" des Strukturalismus zu korrigieren, indem er einen Habitus annimmt, der mit der Inkorporierung sozialer Strukturen den Handelnden zum Träger desselben macht. Gleichzeitig folgt er weiterhin der strukturalistischen Vorstellung Lévi-Strauss', da er annimmt, dass sich die Habitusstruktur aufgrund unbewusster kultureller Codes gleichsam „automatisch" im Handeln manifestiert (vgl. Reckwitz 1997 S.90f). Ein wichtiger Aspekt alltäglicher sozialer Praxis – nämlich die Frage nach dem sozialen Wandel – bleibt damit aber unbeantwortet.

Soziales Handeln findet immer im Kontext eines sozialen Feldes[36] statt. Dabei stehen der Habitus und die Normen des sozialen Feldes – als die beiden Bedingungen sozialen Handelns – in einem wechselseitigen Spannungsverhältnis. Idealerweise sind sie dabei derart aufeinander abgestimmt, dass ihr Habitus die Akteure in die Lage versetzt, ihr Handeln mit den Normen des jeweiligen sozialen Feldes in Übereinstimmung zu bringen (vgl. Reckwitz 1997: 88). Habituelle Dispositionen – wie etwa Routinen oder Gewohnheiten – können aber auch destabilisierend wirken. Dies trifft dann zu, wenn sie in einem neuen sozialen Feld zur Anwendung kommen, sofern sich dieses in seinen Normen von den ursprünglichen sozialen Feldern unterscheidet, unter deren Vorraussetzungen sich die vorliegenden Dispositionen inkorporiert hatten. Im sozialen Feld der Kommunikation im Internet lassen sich zweifelsohne eine Reihe von Widersprüchen zwischen Habitus und Feld finden. Der wiederholt geäußerte Vorwurf der „Netzgemeinde", die etablierte Politik habe das Netz nicht verstanden, signifiziert einen solchen. Natürlich spielen die von Bordieu beschriebenen Spezifika wie Klasse und Milieu oder Alter und Geschlecht auch weiterhin eine wichtige Rolle in dem Feld der Netzkommunikation. Die durch Klassen-, Milieu-, Alters-

---

[36] Der Begriff des sozialen Feldes bei Bordieu lässt Parallelen zu dem Systembegriff erkennen, der sich in den Differenzierungstheorien Luhmann' scher Prägung aber auch bei Habermas wiederfindet. Diese Theorien gehen davon, dass sich die moderne Gesellschaft in verschiedene funktionale Systeme wie Politik, Wirtschaft oder Wissenschaft ausdifferenziert hat.

und Geschlechtsunterschiede ausdifferenzierten Konflikte sind jedoch seit Jahrzehnten im politischen Diskurs eingeschrieben und teilweise zu Grabenkämpfen verfestigte Strukturen. Das dynamische Feld der computervermittelten Kommunikation hingegen eröffnet neue Konfliktlinien in der politischen Auseinandersetzung. Dies legt die Vermutung nahe, dass sich die Regeln und Normen dieses Feldes noch als in einem starken Maße veränderbar und gestaltbar erweisen. Dabei steht die Netzkommunikation genauso wie jede andere soziale Praxis im Spannungsfeld von Habitus und Feld. Geraten hierbei tief verankerte Habitus-Dispositionen mit den Regeln und Normen eines neuen sozialen Feldes in Konflikt, stellt dies unverkennbar einen Anlass für soziale Auseinandersetzungen dar und eröffnet neue Cleavages[37] im politischen Diskurs. Hier findet auch die häufig vorgenommene Unterscheidung von „Digital Immigrants" und „Digital Natives" ihre Anwendung[38]. „Digital Natives" greifen sowohl in ihren Sinn- und Bedeutungskonstruktionen als auch in ihren Routinen und Gewohnheiten auf Habitus-Dispositionen zurück, die sie im sozialen Feld der Netzkommunikation inkorporiert haben und daher spezifisch auf bestimmte Normen des Feldes abgestimmt sind. Bei den „Digital Immigrants" handelt es sich dagegen um Akteure, deren Habitus sich auf außerhalb des Netzes inkorporierte Dispositionen verfestigt hat. Wenn diese nun mit den Normen des Feldes der Netzkommunikation in Konflikt geraten, bietet dies Anlass zu Auseinandersetzungen, wie sie in Fragen der Freiheit und der Sicherheit im Netz aktuell zu beobachten sind.

4.3 Rahmen und Strukturen

4.3.1 Rahmenanalyse

Die Frage nach dem sich im Netz vollziehenden sozialen Wandel ist eng verknüpft mit den aktiven Interpretationsleistungen der Akteure, die der situationsspezifischen Anwendung von Regeln beim Vollzug sozialer Praxis vorausgehen. Ein Vorschlag, die Interpretationsleistung der Akteure in den Blick zu bekommen, stammt von Ervin Goffman (1980). Ausgehend von der alten philosophischen Frage „Was ist Wirklichkeit?" sieht Goffman die Antwort weniger in einer Definition von Wirklichkeit im positivistischen Sinne. Vielmehr interessiert ihn, unter welchen Bedingungen die Menschen etwas für wirklich halten, also wie sie ihre Alltagserfahrungen organisieren (ebd.: 10). Gregory Bateson (1983) be-

---

[37] Die Cleavage-Theorie erklärt die Entwicklung des europäischen Parteiensystems anhand vorgezeichneter gesellschaftlicher Konfliktlinien. (Lipset & Rokkan 1967)
[38] Wobei die berechtigte Kritik an einer zu sehr vereinfachenden Sichtweise dieses Gegensatzes hier nicht verschwiegen werden soll.

merkt dazu, dass allein die Frage, ob eine Handlung oder Äußerung eines Akteurs ernst oder unernst gemeint ist, den weiteren Umgang mit ihr konstituiert.

> „Jede Mitteilung, die explizit oder implizit einen Rahmen definiert, gibt dem Empfänger ipso facto Anweisungen oder Hilfen beim Versuch, die Mitteilungen innerhalb des Rahmens zu verstehen." (Bateson 1983: 255).

Welchen *Rahmen* also Akteur und Beobachter einer bestimmten Situation zuschreiben, ist entscheidend für die weitere Anschlusskommunikation. Diesen von Bateson entwickelten Begriff des Rahmens (frame) stellt auch Goffman (1980) in das Zentrum seiner Überlegungen. Für ihn lautet die grundsätzliche Frage, die sich Menschen bewusst oder unbewusst in einer bestimmten Situation stellen: „Was geht hier eigentlich vor?" Dabei spielen drei Faktoren für die Wahrnehmung von Wirklichkeit eine wichtige Rolle:

- die selektive Aufmerksamkeit
- die persönlichen Interessen und Vorlieben
- die Verknüpfung von Erfahrungen mit bereits vorhandenem Wissen

Damit bilden die aktiven Interpretationsleistungen, mit denen die Menschen ihre Alltagserfahrungen organisieren, den *Rahmen* für soziales Handeln. Dieser Rahmen ist konstituierend für soziales Handeln und damit für die Organisation sozialer Wirklichkeit. Er ist aber keine starre Struktur, sondern er lässt sich als dynamisches Feld begreifen, dessen Regeln immer wieder durch soziales Handeln bestätigt werden müssen, um stabil zu bleiben – oder dessen Regeln auch immer verändert werden können.

4.3.2 *Giddens Strukturtheorie*

Anknüpfend an die Arbeiten von Ervin Goffman betont auch Anthony Giddens (1988) die Bedeutung der aktiven Interpretationsleistungen für die alltäglichen Interaktionsroutinen, die sprachliche Verständigung oder Kooperationen zustande bringen. Obgleich die Akteure aufgrund ihrer Interpretations- und Beobachtungsleistung in die sozialen Geschehnisse eingreifen, haben sie ihr Handeln nicht vollständig unter Kontrolle. Keineswegs, so Giddens, sind immer klare Motivationen und Intentionen an ihr Handeln gebunden, sondern es haben ebenso solche Bedingungen Anteil, die sich nicht auf subjektive Intentionen zurückführen lassen. Zur genaueren Unterscheidung schlägt Giddens drei verschiedene Schichten des Bewusstseins vor:

- das *diskursive Bewusstsein* des sprachlich strukturierten, expliziten Wissens
- das *psychisch Unbewusste*
- das zwischen den beiden gelagerte *praktische Bewusstsein*

Letzteres beinhaltet ein *praktisches Wissen*, das den Akteur zur autonomen Anwendung von Regeln und zur Entscheidungsauswahl befähigt. Dieses *praktische Wissen* lagert am Übergang einer virtuellen Ordnung sozialer Regeln zur aktiven Hervorbringung des Handlungsflusses. Damit versucht Giddens die zwei unterschiedlichen Perspektiven auf die soziale Wirklichkeit, nämlich den Handlungsdeterminismus und den Strukturdeterminismus, miteinander in Einklang zu bringen. Handlung und Struktur sind für ihn nicht zwei unterschiedliche Sphären, die verschiedene Herangehensweisen benötigen, sondern bilden zwei Seiten derselben Medaille ab, die in jeder sozialen Praxis zusammenwirken. Strukturen werden durch Handlungen entwickelt, bestätigt oder verändert. Umgekehrt bilden sie den *Rahmen*, innerhalb dessen Handlungen erst sinnhaft und damit sozial werden[39]. Dies bezeichnet Giddens als *Strukturierung*, womit deutlich gemacht werden soll, dass sich die Aussage, Strukturen seien zugleich Medium und Ergebnis von Praktiken, keineswegs auf zwei unterschiedliche Prozesse, sondern auf ein und denselben Vorgang bezieht. (vgl. Reckwitz 1997)

Giddens liefert so einen Strukturbegriff, der auf die Beobachtung von Handlungen einzelner Akteure angewandt die Regelmäßigkeiten erklären soll, die soziale Praktiken aufweisen. Wie Bordieu operiert auch Giddens mit einem ähnlich gelagerten Praxisbegriff. Im Unterschied zu Bordieu und Lévi-Strauss sieht er die Akteure weder kulturellen Codes noch ihrem *Habitus* bedingungslos ausgeliefert, sondern die Anwendung von Regelstrukturen in der sozialen Praxis muss als sinnhafter Deutungsprozess gedacht werden. Dabei stehen das soziale Handeln der Individuen und die Strukturen der (gesellschaftlichen) Ordnung in einem ständigen rekursiven Wechselverhältnis. Damit berücksichtigt Giddens in seiner Strukturierungstheorie sowohl strukturalistische als auch interpretative Ansätze

Unter diesem Blickwinkel, der sowohl die Produktion als auch die Reproduktion von sozialen Praktiken zum Ausgangspunkt nimmt, lassen sich auch die Meinungs- und Willensbildungsprozesse innerhalb der Piratenpartei analysieren. Dabei soll Giddens` Strukturierungstheorie die Grundlage für ein praxistheoretisches Analysemodell bilden, mit dem sich die soziale Praxis in der Piratenpartei beschreiben lässt. Es geht im vorliegenden Themenfeld weniger darum, die bekannten Muster sozialer Handlungen in der politischen Kommunikation wieder-

---

[39] wie etwa Sprachregeln, Erwartungen, Macht oder Ressourcenverteilungen

zufinden. Der Fokus soll vielmehr auf das Neue gerichtet werden – auf die Differenzen zu den etablierten Formen der politischen Kommunikation, die durch die alltägliche Praxis der Piratenpartei zum Vorschein kommen.

4.4 Analysemodell für die Nutzung neuer Medien im Social-Web

Zur Analyse der Meinungs- und Willensbildungspraxis in der Piratenpartei soll nun ein Modell vorgestellt werden, das Jan Schmidt (2009) in Anlehnung an die oben besprochenen sozialtheoretischen Grundlagen zur Analyse von Praktiken der Social-Web-Nutzung entwickelt hat (Abb. 1). Im Zentrum steht hier mit den „Nutzungsepisoden" der situative Gebrauch von spezifischen Social-Web-Anwendungen, die von folgenden drei Strukturdimensionen gerahmt werden.

4.4.1 Die drei Strukturdimensionen

Schmidts Modell geht von drei Strukturdimensionen aus, die das situative Handeln im Netz rahmen. Mit den ersten beiden Dimensionen *Regeln* und *Relationen* lehnt er sich eng an die praxistheoretischen Modelle von Bordieu und Giddens an. Mit der dritten Strukturdimension *Code* trägt Schmidt der Tatsache Rechnung, dass jeder Kommunikationsakt im Social-Web nur auf der Basis softwaregesteuerter Prozesse möglich ist. Damit schreibt er dem *Code* einen vergleichbaren Rang in seiner Bedeutung als strukturierende Dimension zu, wie er *Regeln* und *Relationen* zugestanden wird.

4 Kommunikationssoziologische Grundlagen

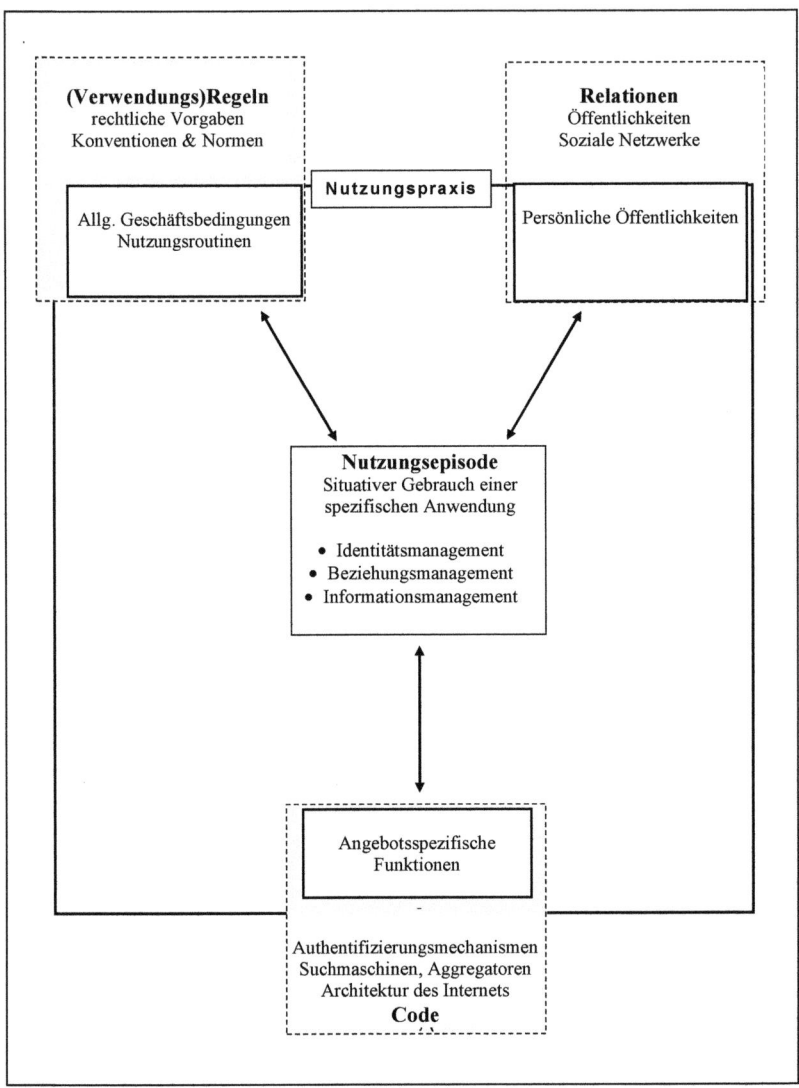

Abbildung 1: Analysemodell für Praktiken des onlinegestützen Netzwerkens[40]

---

[40] Quelle: http://www.schmidtmitdete.de/pdf/AbschlussberichtSCHM2359_11.pdf

4.4.1.1 Regeln

Regeln sind – im Sinne der Giddens'schen Strukturtheorie – zum einen als interpretativ-semantische *Regeln* zu verstehen, die der Welt ein sinnhaftes Bedeutungsnetz überwerfen bzw. eine symbolische Ordnung geben. Zum anderen bilden sie als sanktionierte Verhaltenserwartungen die Normen des sozialen Feldes ab. Wichtig im Sinne der Praxistheorie ist, dass die Nutzungsepisoden und die *(Verwendungs)Regeln* im Social Web in einem ständig rekursiven Wechselverhältnis stehen, ganz so, wie Giddens Handlung und Struktur als zwei Seiten derselben Medaille beschreibt. Das heißt, dass *Regeln* zwar das situative Handeln rahmen, aber die Routinen und Erwartungen, die sich in den *Verwendungsregeln* niederschlagen, ständig aufs Neue reproduziert oder verändert werden, je nachdem, wie sich der situative Gebrauch des Social-Web gestaltet.

4.4.1.2 Relationen

Relationen beschreiben Verbindungen, Verknüpfungen und Beziehungen, die sowohl technischer als auch sozialer Natur sein können. Im Social-Web treten sie naturgemäß gekoppelt auf. Die Verknüpfungen von Computern und Netzwerken im *World Wide Web* folgen in ihrer Entwicklung den Nutzerbedürfnissen, die sich entlang bereits vorhandener Infrastruktur manifestieren, und beruhen somit immer auch auf menschlichem Handeln (vgl. Schmidt 2009: 54). Mit der Nutzung des Social-Web bauen die Akteure Beziehungen auf, bestätigen diese oder brechen sie ab. Über diese *Relationen* konstituieren sich schließlich individualisierte persönliche Öffentlichkeiten, die von Schmidt (2006) am Beispiel der Blogosphäre untersucht worden sind. Persönliche Öffentlichkeiten stellen den Akteuren Ressourcen zum Informations-, Beziehungs- und Identitätsmanagement zur Verfügung und spielen damit eine wichtige Rolle bei der Strukturierung sozialen Handelns im Netz. Während bei Bordieu und Giddens[41] Ressourcen überwiegend in Form von kulturellem und ökonomischem Kapital betrachtet werden, basieren sie bei der Social-Web-Nutzung in erster Linie auf *Relationen* – und damit auf einer Kapitalform, die in der Literatur auch als Sozialkapital beschrieben wird (vgl. Seubert 2009).

---

[41] deren Forschung einer sozialen Wirklichkeit in der Zeit „vor dem Netz" galt.

4.4.1.3 Code

Der Begriff *Code* wurde von Lawrence Lessig (2006) aus der Informatik in die sozialwissenschaftliche Netzforschung überführt und bezeichnet die in die Software eingeschriebenen Anweisungen. *Codes* legen den Nutzern gewisse Anwendungsweisen nahe, womit sie auf die wunschgemäße und stabilisierende Nutzung durch die Anwender einwirken (vgl. DeSanctis/ Poole 1992). Wie bei den beiden anderen Strukturdimensionen (*Regeln* und *Relationen*) besteht ein rekursives Wechselverhältnis zwischen dem strukturierenden Einfluss des *Codes* auf die sozialen Handlungen im Netz und dem Feedback, das die Nutzung und Rekombination spezifischer Anwendungen im Social-Web für seine Weiterentwicklung liefert.

4.4.2 Die politische Dimension der Netznutzung

Zur Analyse der Meinungs- und Willensbildungsprozesse innerhalb der Piratenpartei wird davon ausgegangen, dass der Gebrauch spezifischer Anwendungen des Social-Web zum Zwecke des Identitäts-, Beziehungs- und des Informationsmanagements auch in der politischen Praxis der Piraten eine herausragende Rolle spielt. Es stellt sich aber die Frage, wie im vorliegenden Fall mit dem politischen Charakter des Untersuchungsfeldes umgegangen werden soll. Bei der Untersuchung innerparteilicher Meinungs- und Willensbildung muss immer auch ein Bezug zu der in der politischen Theorie so wichtigen Kategorie der „Macht" mitgedacht werden. Dies macht einen erheblichen Unterschied zu der von Schmidt beschriebenen alltäglichen Social-Web-Nutzung durch Privatpersonen deutlich. Während bei Schmidts Analyse der Nutzungspraxis im Social-Web ihr Meta-Zweck[42] letztlich offen bleiben muss, stellt sich im Umfeld einer politischen Partei stets die Frage nach der „Macht" als Leitdifferenz im System der Politik. Das praxistheoretische Modell impliziert, dass die Nutzung von Social-Web-Anwendungen Einfluss auf die sie rahmenden Strukturdimensionen nimmt. Zur Anwendung des Schmidt'schen Modells auf die politische Kommunikation in der Piratenpartei soll deshalb mit folgender Ausgangsthese gearbeitet werden:

---

[42] Die Frage danach, warum Menschen im Netz Identitäts- Beziehungs- und Informationsmanagement betreiben, bezieht sich auf lebensweltlich bezogene Handlungen und lässt sich nicht mithilfe einer auf ein spezifisches Funktionssystem bezogenen Leitdifferenz untersuchen. Darin unterscheidet sich die Lebenswelt von den ausdifferenzierten Funktionssystemen Wirtschaft und Politik (vgl. Habermas 1994).

4.4 Analysemodell für die Nutzung neuer Medien im Social-Web

Der Einfluss, den die Nutzung der neuen Medien auf die sie rahmenden Strukturdimensionen ausübt, berührt in dem Moment die politische Kategorie der „Macht", in dem die Akteure ihre Handlungen zum Zwecke des Identitäts-, Beziehungs- und Informationsmanagement (bewusst oder unbewusst) auf Machtgewinn oder die Vermeidung von Machtverlusten ausrichten.

Obgleich das praxistheoretische Modell alle drei Strukturdimensionen gleichermaßen als Ergebnis und Medium sozialer Praxis einordnet, lohnt es sich, zum vorliegenden Untersuchungsfeld die strukturelle Dimension der *Relationen* etwas genauer zu betrachten. Indem *Relationen* Öffentlichkeit und soziales Kapital bereitstellen (vgl. Schmidt 2009: 59), gelten sie als strukturierende Vorrausetzung für die Nutzung des Social-Web. Oben wurde gezeigt, dass Schmidt den technischen und sozialen *Relationen* im Social-Web eine ähnliche Stellung zuschreibt, wie sie Giddens (1988) für Ressourcen als handlungskonstituierende Strukturdimension vorsieht. Dies bedeutet, dass Ressourcen die Voraussetzung dafür schaffen, dass die durch Regelkompetenz[43] bereitgestellte Handlungskompetenz sich auch in der „Tat" äußert (vgl. Reckwitz 1997: 99). Ressourcen beinhalten die Fähigkeit, Gegenstände oder andere Akteure zu kontrollieren, und damit lassen sie sich im politischen Kontext auch als „Macht" definieren. Wenn also im Social-Web *Relationen* in ihrer Verknüpfung und Vernetzung Öffentlichkeiten bilden, und diese wiederum den Akteuren als autorative (politische) Ressourcen[44] zur Verfügung stehen, lässt sich an dieser Stelle das Schmidt'sche Praxismodell an die Diskussion des Öffentlichkeitsbegriffs in *Kapitel 2* anschließen und zur Analyse von Meinungs- und Willensbildungsprozessen fruchtbar machen.

Zum weiteren Vorgehen bedarf es nun eines Ansatzes, um die den Meinungs- und Willensbildungsprozessen zugrunde liegenden Handlungen empirisch zu erfassen. Mit den „übersituativ und überindividuell ähnlichen Nutzungsepisoden" steht im Zentrum des Schmidt'schen Praxismodell eine Kategorie sozialen Handelns, die im Feld der parteiinternen Netzöffentlichkeit der Piraten mit empirischen sozialwissenschaftlichen Methoden untersucht werden kann. Diese sollen im folgenden Kapitel vorgestellt werden.

---

[43] wobei Regeln sowohl bei Giddens wie auch bei Schmidt (Verwendungsregeln) die erste handlungskonstituierende Strukturdimension bilden.

[44] Giddens unterscheidet bei der Strukturdimension „Ressourcen" zwischen allokativen (ökonomischen) Ressourcen, also materiellen Handlungsmitteln, und autorativen (politischen) Ressourcen, also der Möglichkeit, sich andere Akteure verfügbar zu machen.

5 Methode

5.1 Qualitative Forschung

Die in *Kapitel 4* vorgestellten praxistheoretischen Modelle von Bordieu (1979a), Giddens (1988) und Schmidt (2009) verbindet die Gemeinsamkeit, dass sie das „Soziale" in einer durch Regeln gerahmten „Praxis" verorten. Wie jene Regeln zustande kommen und wie sie in das alltägliche Handeln der Akteure einfließen, lässt sich über Konzepte von *Sinn* und *Bedeutung* ableiten, die Goffmans **RAHMENANALYSE** (1980) entliehen sind und die sich auf Prozesse im Innern des Handelnden beziehen. Um die Bedeutung jener Prozesse bei der Meinungs- und Willensbildung in der Piratenpartei zu erfassen, muss nach einem Untersuchungsansatz Ausschau gehalten werden, der es erlaubt, empirisches Material zu sammeln, welches die sozialen Handlungen der Akteure in ihren Abläufen rekonstruiert und dabei die Situationsdeutungen und Sinnkonstruktionen der Handelnden im Blick hat. Somit kommen zur Untersuchung der politischen Praxis in der Piratenpartei qualitative Erhebungs- und Auswertungsmethoden in Frage.

Der Versuch, soziale Wirklichkeit mittels qualitativer Methoden aufzuschließen, verfolgt den Anspruch, *Lebenswelten* aus der Sicht der handelnden Menschen zu beschreiben, und zeichnet sich durch eine starke Anwendungsorientierung in seinen Fragestellungen und Vorgehensweisen aus (Flick/ Kardoff/ Steinke 2004). Qualitative Forschungsmethoden basieren auf der Annahme „...einer gemeinsamen Wirklichkeit von Forscher und Beforschten, durch die Forschung nicht behindert oder verfälscht, sondern erst möglich wird." (Krotz 2005: 42). Damit gelingt es der qualitativen Forschung, soziale Phänomene in ihrer kontextuellen Einbettung und Bedeutung zu erfassen, während dagegen die quantitative Forschung ein soziales Ereignis erst aus seinem Kontext lösen muss, um ihm eine numerische Größe zuzuweisen und es schließlich mit Hilfe vorgegebener Konzepte und Kategorien zu beschreiben (Ayaß, Bergmann 2006: 19ff). Die hier durchgeführte Untersuchung folgt dem qualitativen Paradigma und verfährt dabei explorativ. Das heißt: Sie sucht eine möglichst breite und von vorab festgelegten Konzepten und Kategorien unabhängige Herangehensweise, um sich dem Feld der alltäglichen Praxis in der Piratenpartei in seiner kontextuellen Einbindung zu nähern.

5.2 Ethnographie

Zur Untersuchung der Meinungs- und Willensbildungsprozesse in der Piratenpartei bietet es sich an, diese im Kontext ihrer alltäglichen innerparteilichen politischen Praxis mit einem ethnographischen Untersuchungsansatz aufzuschließen.

5.2.1 Teilnehmende Beobachtung

Einen wesentlichen Stützpfeiler der Ethnographie bildet die Methode der *teilnehmenden Beobachtung*, wobei sie häufig in Kombination mit anderen Verfahren zur Anwendung kommt. *Beobachtung* lässt sich hierbei als eine Alltagspraxis verstehen, bei der sich der Forscher im Feld platziert und „...die für sozialwissenschaftliche Zwecke methodisch systematisiert wird" (Mikos 2005: 315). Bei der *teilnehmenden Beobachtung* tritt der Forscher zudem aus der Rolle des passiven Beobachters heraus und nimmt eine direkte und andauernde Interaktion mit den Beforschten auf. Er greift als Teilnehmer in die alltägliche Praxis seines Untersuchungsfeldes ein.

Die *teilnehmende Beobachtung* bildet bei der Untersuchung der Meinungs- und Willensbildungsprozesse in der Piratenpartei den Ausgangspunkt. Indem der Forscher Kontakt zu den Akteuren der Piratenpartei aufnimmt und damit beginnt, seine Rolle im Interaktionsgefüge der Partei zu etablieren, eröffnet er sich den Zugang zum Untersuchungsfeld und zu seiner wissenschaftlichen Betrachtung. Im Zentrum von Schmidts Analysemodell stehen die „Nutzungsepisoden im Social-Web zum Zwecke des Identitäts-, Beziehungs- und Informationsmanagements" (vgl. Abb 1). Auf diese soll der forscherische Blick aus der Perspektive eines *teilnehmenden Beobachters* gerichtet werden.

Ohne Zweifel liefert ein solcher Zugang zunächst ein Bild von Akteuren, die im Vollzug oben genannter Managementpraktiken eine Partei sowohl – im organisatorischen Sinne – aufbauen als auch – durch die Entwicklung von Parteiprogrammen – im politischen Feld positionieren. Ein praxistheoretischer Ansatz hilft hierbei, die Verengung auf eine rein handlungstheoretische Perspektive zu überwinden, indem er die soziale Bedingtheit von Handeln in Form der drei Strukturdimensionen (*Regeln*, *Relationen* und *Code*) in sein Modell integriert. Damit wird der Tatsache Rechnung getragen, dass die in der Piratenpartei zu beobachtenden Handlungen sowohl durch die Verankerung der innerparteilichen Kommunikation im Umfeld der digitalen Medien, als auch durch die Einbettung in organisationale Strukturen „gerahmt" werden (vgl. Goffman 1980). Zudem lässt sich annehmen, dass sich die Meinungs- und Willensbildung in der Piratenpartei nicht auf einem „unbeschriebenen Blatt" völlig voraussetzungsloser Überlegungen vollzieht, sondern dass die Akteure mit distinkten Erwartungen und Erwartungserwartungen an diesen Prozess herangehen. Für die teilnehmende Beobachtung lassen sich also aus praxistheoretischer Perspektive folgende Fragestellungen ableiten (vgl. Schmidt 2009: 48):

- Wie werden in der Piratenpartei Routinen reproduziert oder geändert und wie rahmen *Regeln* das situative Handeln?
- Wie werden *Relationen* geknüpft, bestätigt, erneuert oder auch abgebrochen, in welcher Form stellen *Relationen* den Akteuren Ressourcen zur Verfügung und welche Rolle spielen dabei die sich ergebenen Öffentlichkeiten?
- Inwiefern eröffnen oder beschränken die in die digitalen Kommunikationskanäle eingeschriebenen *Codes* ihre Nutzung bzw. welches Feedback liefert die Nutzung wiederum zur Weiterentwicklung des *Codes*?

Diese Fragestellungen sollen es dem Forscher während seiner Teilnahme an der Alltagspraxis der Piraten ermöglichen, seine eigenen Beobachtungen mit den wahrgenommen Binnenperspektiven der Akteure zu verknüpfen, um daraus eine analytische Beschreibung der sozialen, kommunikativen und politischen Praxis in der Piratenpartei zu gewinnen. Dadurch ergibt sich aber unwillkürlich eine Beeinflussung des Feldes durch den Forscher, die sich je nach der Rolle, die er einnimmt, unterschiedlich auf das Feld auswirken kann. Bei der *teilnehmenden Beobachtung* geht es für den Forscher also nicht nur darum, in das Untersuchungsfeld einzudringen, „...sondern zugleich eine reflexive Distanz (zu)[45] wahren, um sein Handeln im Kontext der Handlungen der anderen Teilnehmer in den jeweiligen Situationen beurteilen zu können." (Mikos 2005: 316)

5.2.2 Ethnographie und Netz

Die Frage danach, ob und wie sich die Piratenpartei als Netzpartei beschreiben lässt, ist eines der Leitmotive vorliegender Arbeit. Dabei wird auf die Rolle der netzbasierten, digitalen Kommunikation bei den Meinungs- und Willensbildungsprozessen innerhalb der Partei gezielt. Ethnographische Studien über netzbasierte, digitale Kommunikation stellen naturgemäß ein recht junges Untersuchungsfeld in den Sozialwissenschaften dar, und so bedarf es einiger besonderer Betrachtungen im Vorfeld. So unterscheidet Christine Hine (2000) bei ihrem

---

[45] Einfügung durch den Autor

5.2 Ethnographie

Vorhaben, einen methodischen Ansatz zur *virtuellen Ethnographie* zu entwickeln, zwischen zwei unterschiedlichen Sichtweisen auf das Internet.

Die erste Sichtweise legt die Betrachtung des Internets als kulturelles Artefakt nahe, „...as a cultural object that is socially shaped in production und use" (Hine 2000: 14). Dieser Ansatz basiert auf einem Verständnis des Internets als Medium und eröffnet einen Zugang aus medienethnographischer Perspektive. Hier stehen nicht unbedingt die Medien selbst im Vordergrund, sondern „...mindestens ebenso relevant ist deren Integration in Alltäglichkeit und deren Einbettung in soziokulturelle Welten" (Bachmann/ Wittel 2006: 187). Im Bereich der Internetkommunikation setzt die Medienethnographie sowohl an der Nutzung, als auch an der Produktion von Medien und ihren Inhalten an. Die enge Verschränkung von Rezeption und Produktion lässt medial vermittelte, soziale Situationen entstehen (vgl. Bachmann/ Wittel 2006). Der auf medienethnographischen Herangehensweisen beruhende Ansatz erhält aber durch eine zweite von Hine dargelegte Sichtweise auf das Internet ein neues Moment.

Die zweite Sichtweise legt nahe, das Internet als eigenständige *Kultur*[46] zu verstehen. Es handelt sich hier nicht um die „reale" soziale Wirklichkeit, die sich im Internet medial ausdifferenziert, sondern das Internet schafft als eigenständiger Repräsentationsraum von der „realen Welt" unabhängige Identitäten, die dort in einem neuen sozialen Feld interagieren. Die Betrachtung des Internets als autarkes soziales Feld blendet die Beobachtung der physisch realen Akteure aus und konzentriert sich vornehmlich auf ihre virtuellen im Netz agierenden Identitäten. Der Ethnograph begibt sich in diesem Fall auf eine „virtuelle" Reise in die fremde Welt des „Cyberspace", um dort Akteure zu beobachten und an ihren Interaktionen teilzuhaben. Realweltliche Kontakte zu den Akteuren und ihrer *Offline*-Lebenswelt werden zwar im Sinne einer Triangulation[47] von den Ethnographen häufig genutzt und erhöhen die Authentizität[48], bei der Beobachtung von reinen Online-Beziehungen wird dies aber häufig abgelehnt. Wenn der Forscher nämlich Informanten im *RealLife* träfe, so die Meinung, würde er den auf Online-Aktivitäten beschränkten Rahmen der „virtuellen Kultur" des Beobachtungsfeldes sprengen, was zu einem verfälschten Bild führen würde.

> „Many inhabitants of cyberspace, however, have never met face-to-face and have no intention of doing so. To instigate face-to-face meetings in this situation would place the ethnographer in an asymmetric position, using more varied and different means

---

[46] Zum Kulturbegriff in der Ethnographie vgl. Geertz (1987): „Ich meine mit Max Weber, daß der Mensch ein Wesen ist, das in selbstgesponnene Bedeutungsgewebe verstrickt ist, wobei ich Kultur als dieses Gewebe ansehe." (9)
[47] eine Kombination von online- und offline-Beobachtung
[48] wenn sich die Akteure auf den beobachteten Online-Kanälen auch tatsächlich im *RealLife* begegnen.

of communication to understand informants than are used by informants themselves." (Hine 2000: 48)

Die Untersuchung der Online-Kommunikation der Piratenpartei muss zunächst beide Sichtweisen im Blick behalten. Es ist weder von vornherein davon auszugehen, dass die Nutzung der neuen Medien und ihre Auswirkungen auf die Meinungs- und Willensbildungsprozesse ausschließlich mit medienethnographischen Ansätzen in den Griff zu bekommen sind, noch lässt sich annehmen, dass mit vorliegender Untersuchung ein soziales Feld „virtueller Realität" zum Vorschein kommt, in dem vom *RealLife* völlig losgelöste Identitäten miteinander agieren. Bachmann und Wittel (2006) sehen die Natur des Problems im Medium Internet selbst, „…das immer beides ist: Inhalt und Kommunikation, Repräsentation und Konnektivität, ein kulturelles Artefakt und ein Medium zur Interaktion." (205) Ohnehin bleibt es fraglich, ob das Internet einfach als ein weiteres Medium wie Telefon, Fernsehen, Radio oder Zeitungen zu betrachten sei. Vielmehr sollte das Internet als ein generalisierender Begriff für ein Netz (oder besser als ein Netz der Netze) verstanden werden, welches über den Austausch von Text-, Audio-, Film- und Bilddateien verschiedene Modi medialer Kommunikation und Vernetzung ermöglicht. Die bei Weitem bedeutendste Form der Netzkommunikation scheint allerdings immer noch in der Übermittlung schriftlicher Sprache zu liegen. Dadurch entstehen täglich riesige Datenmengen in Form von Textdokumenten, die im Netz verbleiben und somit der wissenschaftlichen Analyse zugänglich sind. Wie damit methodisch umgegangen werden soll, behandelt der nächste Abschnitt.

5.3 Dokumentenanalyse

Der traditionelle ethnographische Ansatz orientiert sich weitgehend an der oralen Interaktion. Mündlichen Äußerungen werden in der Ethnographie eine besonders unmittelbare Nähe zur Praxis zugeschrieben.[49] Dagegen wird die schriftliche Kommunikationsebene – wie schriftliche Texte, die in mehr oder weniger standardisierter Version vorliegen können[50] – als bereits durch ihre Medialität bearbeitetes, empirisches Material gesehen. Solche Texte werden weniger als Container unmittelbarer Informationen betrachtet, vielmehr interessiert sich die qualitative Forschung für die Bedingungen ihrer Produktion.

---

[49] „Hammmersley and Atkinson (1995) interpret this reliance on oral interaction as part of the 'romantic legacy' of ethnography, which tends to treat speech as more authentic than writing." (Hine 2000: 51).

[50] z. B.: Briefe, Gesprächsnotizen, Veröffentlichungen, Verordnungen, Protokolle etc.

Die Kommunikationspraktiken in den neuen Medien lassen die Grenzen zwischen mündlicher und schriftlicher Kommunikation verschwimmen. Zwar lässt sich Online-Kommunikation als in erster Linie schriftbasiert definieren, aber sie weist häufig Elemente konzeptioneller Mündlichkeit[51] auf. Dies erfordert eine neue Einordnung des Verhältnisses zwischen sprachlicher und schriftlicher Kommunikation, wenn man sich als Ethnograph dem Feld der Online-Kommunikation annähern will. Texte im Netz können, wie Thompson es nennt, als eine Art „mediated quasi-interaction" (1995: 85) gesehen werden. Gleichwohl lassen sie sich als Artefakte lesen, die im Netz gespeichert sind und daher als Dokumente vom Ethnographen analysiert werden können. Letztere Sichtweise eröffnet einen weiteren Ansatz zur Empirie, nämlich den der Dokumenten- und Aktenanalyse. „Dokumente sind standardisierte Artefakte, insoweit sie typischer Weise und in bestimmten Formaten auftreten..." (Wolff 2004: 503).

Im vorliegenden Fall sind es die im Netz zugänglichen Parteiprogramme, Vorstandsbeschlüsse, Sitzungsprotokolle, Tagesordnungen, Arbeitspapiere, Online-Abstimmungen, aber auch persönliche Blogs oder Stellungnahmen auf den Mailinglisten, die von Interesse sein können. Die qualitative Dokumentenanalyse zielt in erster Linie auf die Bedingungen der Produktion und der Rezeption derartiger Materials. Die schiere Menge des Materials, die im Netz zu Verfügung steht, sowie die Möglichkeit, dieses Material mit Hilfe von Suchmaschinen zu aggregieren, legen dem Forscher nahe, auch quantitative Methoden anzuwenden, um Daten zusammenzufassen und Muster zu entdecken (vgl. Hine 2006: 109f).

5.4 Interviews

Der Aufenthalt im Feld und die Analyse der vorgefundenen Dokumente setzt der Beobachtung „gewissermaßen natürliche Erkenntnisgrenzen" (Mikos 2005: 318). Häufig wird es notwendig, die Motive sowie die Situations- und Sinndeutungen der Akteure gezielter abzufragen. Dies ist zwar in alltäglichen Gesprächssituationen zum Teil möglich, um aber ein tiefer gehendes Verständnis der beobachteten Handlungen zu entwickeln, bietet sich eine Anreicherung des empirischen Materials mit Interviews an.

> „Durch die Möglichkeit, Situationsdeutungen oder Handlungsmotive in offener Form zu erfragen, Alltagstheorien und Selbstinterpretationen differenziert und offen zu erheben, und durch die Möglichkeit der diskursiven Verständigung über Interpretationen sind mit offenen und teilstandardisierten Interviews wichtige Chancen einer

---

[51] wie umgangssprachliche Wendungen, sprechsprachliche Syntax und kommunikative Spielarten zur Simulation einer Face-to-Face-Situation (vgl. Schuegraf; Meier 2005)

empirischen Umsetzung handlungstheoretischer Konzeptionen in Soziologie und Psychologie gegeben." (Hopf 2004: 350)

In ethnographischen, auf *teilnehmender Beobachtung* basierenden Forschungsprojekten spielen Interviews eine wichtige Rolle. Hierfür steht den Forschern eine breite Auswahl an Verfahren zur Verfügung, die allesamt einem Forschungsparadigma folgen, das sich entlang der Prinzipien von Offenheit, Forschung als Kommunikation und Prozess sowie Reflexivität von Gegenstand und Analyse beschreiben lässt (vgl. Lamnek 1995: 22 ff). Diese Prinzipien qualitativer Forschung grenzen die qualitativen Fragetechniken gegenüber quantitativen – auf standardisierten Methoden beruhenden – Interviews ab.

Qualitative Forschung orientiert sich an ihren jeweiligen Anwendungsgebieten. So kommen bei einer Vielzahl von Untersuchungsfeldern zugleich eine Vielzahl unterschiedlicher Befragungstechniken zum Einsatz. Gemeinsam ist qualitativen Interviews, dass sie sich allesamt im Spannungsfeld zwischen einerseits leitfadengestützten und teilstandardisierten und andererseits offenen und narrativen Interviews einordnen lassen. Als Auswertungsmethoden stehen dem Wissenschaftler dabei codierend-kategorisierende Verfahren sowie hermeneutische Vorgehensweisen zur Auswahl, wobei sich letztere eher zur Auswertung narrativ-biografischer Interviews eignen, während erstere zur Analyse von leitfadengestützten Interviews empfohlen werden. (Flick/ Kardoff/ Steinke 2004: 332f)

6 Im Feld

6.1 Feldzugang und vorgefundene Strukturen

Der Zugang zum ethnographischen Untersuchungsfeld der Piratenpartei ist eng mit der Frage verbunden, wie es dem Forscher gelingt, „"... mit seinem Forschungsfeld in Kontakt zu treten und sein Gegenüber zur Mitwirkung zu bewegen" (Wolff 2004: 335). Dazu soll im folgenden Abschnitt der Versuch unternommen werden, die Piratenpartei als soziales Handlungsfeld aufzuschließen. Begonnen wird mit der Schilderung, wie der Autor auf die Piratenpartei aufmerksam wurde und sich Kontakt zu ihr verschaffte.

6.1.1 Der Medienhype

Die Bundestagswahl 2009, der eine Reihe von Landtags- und Kommunalwahlen sowie die Wahl zum Europaparlament vorangegangen waren, markierte den abschließenden Höhepunkt des „Super-Wahljahres 2009". Im Zuge der öffentlichen Berichterstattung zum Bundestagswahlkampf machte eine bis dahin unbekannte politische Partei von sich reden: *die Piratenpartei*. Das Auftreten einer „Internetpartei" im bundesdeutschen Wahlkampf hatte einen hohen Neuigkeitswert. Ein sich anscheinend aus der kommunikativen Praxis des Internets heraus entwickelnder politischer Akteur – mit offensichtlich hoher Anziehungskraft auf junge Menschen – traf auf ein gesteigertes Interesse in der Berichterstattung. Zudem hatte die Piratenpartei in Deutschland mit 0,9 Prozent bei der Europawahl bereits einen Achtungserfolg vorzuweisen, und der schwedischen *Piratpartiet* war es sogar gelungen, mit 7,1 Prozent der schwedischen Wählerstimmen einen Sitz im Europaparlament zu gewinnen[52]. Der sich damals um die Piratenpartei entwickelnde „Hype"[53] veranlasste den Autor, gezielt im Netz nach Informationen über sie zu suchen.

---

[52] Quelle: http://de.wikipedia.org/wiki/Piratenparteien
[53] Der Begriff des „Hypes" wird auch heute noch von vielen Piraten benutzt, wenn sie sich über die Ereignisse des Sommers 2009 austauschen. Er ist keineswegs negativ konnotiert, sondern zeigt, dass sie sich darüber bewusst sind, dass die hohe mediale Aufmerksamkeit, die ihnen damals zuteil wurde, eine außerordentliche Sondersituation war.

6.1.2 Kontaktaufnahme

Das *Wiki*[54] der Piratenpartei war schnell gefunden. Dort fand sich die Bekanntgabe der öffentlichen Treffen der Berliner Piraten im Kreuzberger Lokal „Breipott", über die bereits in den Medien berichtet worden war. Die Treffen im „Breipott" waren so etwas wie die „*RealLife*-Manifestation" der Aufmerksamkeit, die den Piraten im Sommer des Jahres 2009 zuteil wurde. An den Abenden versammelten sich in und vor dem Lokal eine Vielzahl von Aktivisten und Sympathisanten. Es gab kurze Einführungen, in denen die Partei den interessierten Besuchern vorgestellt wurde. Am Rande der Veranstaltungen tagten diverse Gruppen in offener Runde. Die Aktivisten waren vor Ort ansprechbar, und es entwickelte sich ein vielfältiger informeller und spontaner Meinungsaustausch, der in seiner ungezwungenen Atmosphäre und Offenheit die Ideen partizipativer und transparenter politischer Kommunikation auf Augenhöhe[55] erfahrbar machte. Nicht zuletzt mischten sich auch Journalisten und ihre Kamerateams unter die Anwesenden. Hier fanden sie ihre Ansprech- und Interviewpartner sowie die Bilder, welche die mediale Berichterstattung über die Piraten im Wahlkampf 2009 zu einem großen Teil prägten.

6.1.3 Die Crew Guybrush Threepwood

Den entscheidenden Hinweis für den Feldzugang entdeckte der Autor in den Informationen, die das *Piratenwiki* zu den Crewtreffen in den einzelnen Berliner Bezirke bereithielt. Auf der *Wikiseite* der *Crew Guybrush Threepwood* hieß es: „...jeder, der Lust hat auch aktiv zu werden oder uns einfach mal kennenlernen will, ist uns herzlich willkommen"[56]. Dies weckte das Interesse des Autors, der sich damals mit einer Studienarbeit zum Thema „Wahlkampf im Netz"[57] beschäftigte, und er beschloss, ihr einen Besuch abzustatten. Im Schöneberger Cafe „Bilderbuch" traf er am 5. August 2009 auf die im Vormonat gegründete *Crew*. Er fand eine Runde von insgesamt sieben Personen vor, die sich in auffallend lockerer Atmosphäre versammelte und nach einer „akademischen Doppelviertel-

---

Vgl. auch: http://www.spiegel.de/politik/deutschland/0,1518,642348,00.html: „Netzrebellen im Wahlkampf, Piratenpartei greift offline an"

[54] http://wiki.piratenpartei.de/Hauptseite. Eine Vorstellung der Werkzeuge der online-Kommunikation der Piratenpartei findet sich in Kapitel 7

[55] einschließlich ihres improvisierten und leicht chaotischen Charakters

[56] http://wiki.piratenpartei.de/Berlin/Crews/Guybrush_Threepwood

[57] So der Titel seiner Seminararbeit im Rahmen des von Prof. Volker Riegger geleiteten Seminars „Wahlkampf als Form der politischen Kommunikation" an der UdK-Berlin im SoSe 2009.

6.1 Feldzugang und vorgefundene Strukturen 55

stunde"[58] die Sitzung mit einer Vorstellungsrunde[59] eröffnete. Die meisten Teilnehmer waren Studierende, die übrigen hatten fast alle einen akademischen Abschluss. Der einzige weibliche Teilnehmer, eine Philosophiestudentin, war im Vormonat zum Käpt´n[60] gewählt worden. Auch der Autor stellte sich vor und bekundete neben einem allgemeineren politischen Interesse auch sein wissenschaftliches Interesse, welches ihn zu dem Besuch veranlasst hatte.[61]

Anfang August begann die heiße Phase des Wahlkampfs, und die *Crew* beschäftigte sich mit der Planung entsprechender Maßnahmen. Dabei nahmen Plakatierungsaktionen den größten Raum ein. Eine Tatsache, die den Autor ein wenig irritierte, schließlich hatte er Kontakt zu einer als „Internetpartei" bezeichneten, neuen Organisationsform gesucht, um etwas über die politische Kommunikation im Netz herauszufinden. Nun stellte sich heraus, dass die Piraten sich intensiv mit der wohl traditionellsten Form der Wahlkampfkommunikation beschäftigten – dem Wahlplakat. Während des Treffens wurde zwar berichtet, dass andere Piraten Wahlplakate als „ziemlich von gestern" bezeichnet hätten, dieser Standpunkt wurde aber in dieser *Crew* durchgängig abgelehnt. Die Plakatierungsaktionen wurden mit großer Ernsthaftigkeit geplant und später ausgeführt. Überhaupt fiel auf, dass, wenn die Aktivisten darüber nachdachten, wie die Ideen der Piraten in der allgemeinen Öffentlichkeit bekannt gemacht werden könnten, immer wieder *RealLife*-Aktionen[62] im Vordergrund der Überlegungen standen. Anscheinend – so war der erste Eindruck des Autors – war den meisten gar nicht bewusst, wie und warum ihre Aktivitäten im Netz plötzlich eine solche Wirkung erzielten. Sobald im Wahlkampf jedenfalls das strategische Ziel „Leute erreichen" formuliert wurde, fiel die Aufmerksamkeit schnell auf die Muster traditioneller Wahlkampfkommunikation – als meinten die meisten Piraten, dass im Wahlkampf vor allen Dingen die „Normalos", die „Offliner" angesprochen werden müssten, weil die Zielgruppen, welche die Piratenpartei im Netz erreichte, sie ohnehin schon wählen würden. Der einzige Online-Kommunikationskanal, der im Laufe des Treffens eingehender besprochen wurde, war das *Piratenwiki*[63]. So wurde das Problem diskutiert, dass das *Wiki* un-

---

[58] Vgl.: Protokoll des Treffens unter:
http://wiki.piratenpartei.de/Berlin/Crews/Guybrush_Threepwood/Treffen_am_05.08.2009
[59] Derartige Vorstellungsrunden waren in der Crew bis zum Ende des Feldaufenthalts immer wieder gängige Praxis, wenn sie von Leuten besucht wurden, die neu waren. Grundsätzlich waren die Crewtreffen nicht so stark formalisiert oder in der Bearbeitung interner Themen so sehr beansprucht, dass es nicht möglich war Besucher, in das Treffen zu integrieren.
[60] Zu den Positionen (Käpt´n, Navigator und Maat) innerhalb einer Crew siehe Kap. 7.2.3
[61] Im Protokoll heißt es unter „*erschienen*": „Jan, forscht zum Thema Meinungsbildung in Datennetzen".
[62] wie Plakate kleben, zu Demonstrationen gehen, Flyer verteilen, Leute ansprechen
[63] Das *Piratenwiki* war auch der einzige Online-Kommunikationskanal der Piraten, den der Autor zum damaligen Zeitpunkt kannte.

übersichtlich sei, weshalb sich die gezielte Suche nach Dokumenten manchmal als sehr schwierig erwies. Das Protokoll[64] vermerkt als Ergebnis dazu: „Wir rufen zu einem Wikiänderkommando, Spezialkommando Raumkosmetik, auf!"

Im weiteren Verlauf des Abends ergab sich die Gelegenheit zu einem vertieften Gedankenaustausch über Politik im Allgemeinen und die Piratenpartei im Speziellen. Schnell wurde deutlich, dass man sich auf gemeinsame politische Grundüberzeugungen einigen konnte, und es ergaben sich anregende Diskussionen, die in Einzelgesprächen bis in den späten Abend fortgesetzt wurden. Der offene Meinungsaustausch in entspannter Atmosphäre und die hohe Akzeptanz, die dem Autor für sein forscherisches Interesse entgegen gebracht wurde, ermutigten ihn, den Kontakt zu der *Crew* auf den folgenden Treffen zu vertiefen.

6.2 Das Feld als sozialer Handlungsraum

Damit war der erste Kontakt zur Piratenpartei hergestellt, und die weiteren Treffen in der *Crew Guybrush Threepwood* ergaben einige Antworten auf die Frage, inwieweit die Akteure im Feld bereit wären, mit dem Forscher im Rahmen seiner Untersuchung in Interaktion zu treten.

Für Wolff (2004) gelten die folgenden vier Punkte als entscheidend für eine erfolgreiche Interaktion des Forschers mit seinem Feld: Die Akteure im Feld müssen in der Lage sein,

1. Zeit für Gespräche zu erübrigen

Wie oben beschrieben, ergaben sich auf dem ersten Treffen Gelegenheiten zu offenen Gesprächen. Auch in den folgenden Treffen bestätigte sich, dass die Tagesordnungen zu den *Crewtreffen*[65] immer genug Raum für informelle Gespräche ließen. Mit der im Laufe der Zeit zunehmenden Etablierung seiner Feldrolle war es dem Autor auch immer häufiger möglich, mit Fragen und Vorschlägen in die Diskussionen einzugreifen oder sie sogar selbst zu initiieren.

2. die Raumsouveränität teilweise aufzugeben und Peinlichkeiten auszuhalten.

Die Crew tagte aus grundsätzlichen Erwägungen an öffentlich zugänglichen Orten. Gerade im Sommer 2009, als die Mitgliederzahl der Piratenpartei exponentiell stieg, gehörten neue Besucher und damit auch das ständige unter Beobachtung Stehen zur Normalität.

---

[64] http://wiki.piratenpartei.de/Berlin/Crews/Guybrush_Threepwood/Treffen_am_05.08.2009
[65] sofern überhaupt welche vorlagen

3. sich in den Forschern hinein zu versetzen, um für diesen interessante Daten liefern zu können.

Dies fiel den Akteuren offensichtlich leicht, wobei sich die Tatsache als hilfreich erwies, dass sie fast ausnahmslos einen akademischen Hintergrund hatten. Zudem spielte in der Phase einer sich gerade erst formierenden politischen Organisation der Selbstfindungsprozess eine herausragende Rolle. Die häufigen Diskussionen in der *Crew* über die Fragen des politischen Miteinanders waren wichtige Verständigungsprozesse, in denen sich die Akteure der Gemeinsamkeiten ihrer politischen Sichtweisen vergewisserten, um daraus ihr „piratisches" Selbstverständnis zu entwickeln. Die normative und deskriptive Beschreibung von Meinungs- und Willensbildungsprozessen war also sowohl Forschungsfrage des Autors, als auch Teil des Selbstfindungsprozesses der Piratenpartei.

4. den Forscher auf kompetente Gesprächspartner hinzuweisen.

Schon in der frühen Beobachtungsphase wurde der Autor auf Gesprächspartner hingewiesen, deren Kenntnisse für sein Forschungsvorhaben relevant sein könnten. Zudem war es von besonderer Wichtigkeit, dass er die verschiedensten Hinweise und Tipps bekam, die ihm den Umgang mit den vielfältigen Möglichkeiten der digitalen Kommunikation innerhalb der Piratenpartei erleichterten.

6.3 Die Feldrolle und die Forschungsfrage

Die zweite grundlegende Frage, die sich bei der Erschließung der Piratenpartei als sozialen Handlungsraum stellt, ist die nach der Positionierung des Forschers im Feld.

> „Wie kann er sich selbst im Verhältnis zum Feld so positionieren, dass die sachlichen, zeitlichen und sozialen Rahmenbedingungen für eine sachgerechte Durchführung der geplanten Forschungsarbeit gewährleistet oder zumindest seine entsprechenden Handlungsmöglichkeiten nicht entscheidend eingeschränkt sind?" (Wolff 2004: 336)

Die Wahl der Feldrolle resultierte aus Überlegungen, die sich aus den Erfahrungen des Feldzugangs ergeben hatten. Die Beobachtungen, die dabei gemacht wurden, und die parallel dazu durchgeführten Recherchen im Netz führten zunächst zu einem ambivalenten Ergebnis. Auf der einen Seite schien es der Piratenpartei beinahe spielerisch zu gelingen, im politischen Netzdiskurs eine führende Rolle einzunehmen[66]. Auf der anderen Seite war weder durch intensive Recherche im Netz, noch durch Nachfragen auf den realweltlichen Treffen der Piraten eine in irgendeiner Form explizierbare Kommunikationsstrategie zu identifizieren. Pavel Mayer[67] bemerkte später dazu, er könne gar nicht genau beschreiben, wie die Netzstrategie der Piraten eigentlich konkret aussehe: „Wir haben im Wahlkampf 2009 eigentlich nur das gemacht, was wir schon immer gemacht haben. Nur plötzlich war das ein Thema."[68] Daraus ergaben sich zwei Annahmen:

Die erste Annahme war, dass – obgleich die Piratenpartei keine explizite Strategie zur Netzkommunikation besitzt – sie innerhalb einer hochaktiven Netzgemeinde hervorragend verankert ist und sie sich aus einer Kommunikationskultur heraus entwickelt hat, die ihr Selbstverständnis aus der alltäglich erlebten Praxis im Netz bezieht. Der Schlüssel zu ihrem Online-Erfolg wäre dann ihre Anschlussfähigkeit an die Meinungsbildungsprozesse, die sich im Netz abspielen. Mit der Piratenpartei erscheint also eine Organisationsform auf der politischen Landkarte, die mit ihren parteiinternen Kommunikations- und Kooperationsformen an die neuen Regeln der Netzkommunikation anschließt und sich dadurch fundamental von den etablierten Parteien unterscheidet.

Die zweite Annahme basierte auf den Herausforderungen, denen sich die Partei nach der Bundestagswahl stellen musste. Ihre Mitgliedszahl hatte sich im Sommer 2009 verzehnfacht. Plötzlich agierte eine im Verhältnis zu den „Altpiraten" überwältigende Mehrheit von neuen Mitgliedern in der Partei. Um diese in die Parteiarbeit zu integrieren, mussten nicht nur neue Strukturen geschaffen werden, sondern es wurde auch schnell klar, dass mit dem Mitgliederzustrom auch das Bedürfnis nach einer Erweiterung des bestehenden Parteiprogramms wuchs.

Beide Annahmen legten den Schluss nahe, dass die sich im Jahr 2010 entwickelnden Meinungs- und Willensbildungsprozesse in der Piratenpartei von großer Bedeutung für die Zukunft sein würden. Zunächst ging es darum, mit welchen politischen Positionen sich die Partei aufstellen würde. Mindestens genauso wichtig schien die Frage, wie die Partei ihre Positionen entwickeln, sich ihre Diskussionen und Diskurse gestalten und welche Entscheidungsstrukturen sie aufbauen würde. So bot sich dem Forscher die einmalige Chance, durch die Beobachtung der Meinungs- und Willensbildung in der Piratenpartei Einblick zu

---

[66] „Mit Abstand am häufigsten ist die Piratenpartei Thema im öffentlichen Diskurs der parteiunabhängigen politischen Blogs und Seiten." www.wahlradar.de abgerufen am 16.09.09 (nicht mehr verfügbar).
[67] damaliger Koordinator der Wahlkampf Squad Planung
http://wiki.piratenpartei.de/BE:Kandidat_Pavel_Mayer
[68] sinngemäßes Zitat einer Aussage, die auf einem Treffen von Piraten mit professionellen Politikberatern im Dezember 2010 gemacht wurde

erhalten, ob und wie sich im Zusammenwachsen von Netz und Partei ein neuer Typus politischer Organisation herausbildet. Insofern war es für den Forscher naheliegend, die Feldrolle eines Organisationsmitgliedes einzunehmen und sich damit aus der Perspektive eines *teilnehmenden Beobachters* der alltäglichen politischen Praxis in der Piratenpartei anzunähern. Obgleich für den Autor die Mitgliedschaft in einer politischen Partei noch wenige Monate vorher unvorstellbar erschien[69], trat er am 24.09.2009 der Piratenpartei Deutschland bei.

6.4 Untersuchung

Nachdem in den vorangegangen Abschnitten der Feldzugang und die Feldrolle des Autors vorgestellt wurden, soll im Folgenden das Untersuchungsfeld in seinen zeitlichen, sachlichen und sozialen Rahmenbedingungen genauer beschrieben werden.

6.4.1 Untersuchungszeitraum

Den Ausgangspunkt der Untersuchung bildete die Teilnahme an der sozialen Praxis der Meinungs- und Willensbildung, die sich im Rahmen der Entwicklung eines Grundsatzprogrammes in der Piratenpartei Berlin vollzog. Der Zeitraum für die methodisch fundierte Phase der *teilnehmenden Beobachtung* erstreckte sich von Juli 2010 bis November 2010. Zwar war der Autor schon vor dem Beginn dieser Phase in der Piratenpartei aktiv[70], aber die zur vorliegenden Untersuchung erforderlichen theoretischen und methodologischen Vorarbeiten waren erst Mitte Juli 2010 so weit fortgeschritten, dass der Autor seine Position im Feld als Ethnograph definieren konnte und dies auch gegenüber den Beforschten kommunizierte. Das Ende der Beobachtungsphase war durch die Landesmitgliederversammlung der Berliner Piraten (LMV 2010.2) markiert, zu der für den 23./ 24. Oktober in das „Glashaus" am Treptower Park eingeladen worden war. Laut Tagesordnung[71] stand mit der Behandlung von Anträgen zum Berliner Parteiprogramm die Verabschiedung eines Grundsatzprogrammes im Mittelpunkt. Damit bildete die LMV 2010.2 einen vorläufigen Schlusspunkt der programmatischen

---

[69] Womit die Einstellung des Autors der Meinung einer breiten Mehrheit in der Bevölkerung entsprach. Nach einer Studie des Forsa-Institutes (2007) hielten es über 80 Prozent für unvorstellbar, in eine Partei einzutreten. Als Haupthindernis nannten die Befragten (47 Prozent) den „Parteiklüngel", der sie abschrecke, sich in einer Partei zu engagieren. http://www.stern.de/politik/deutschland/:stern-Umfrage-Parteiarbeit-Nein/600260.html

[70] und einige in dieser Phase gemachten Beobachtungen sind in diese Arbeit eingeflossen

[71] http://wiki.piratenpartei.de/BE:Parteitag/2010.2

Arbeit im Landesverband und bot einen geeigneten Zeitpunkt zum Abschluss der Forschung im Feld.

6.4.2 Das Grundsatzprogramm

Die Entwicklung eines umfassenden Grundsatzprogrammes wurde von den Berliner Piraten als ein wichtiger Schritt zur Strukturierung der Partei und damit zur Aufstellung für die Abgeordnetenhauswahlen 2011 gesehen. Zwar gab es bereits ein aus dem Januar 2009 stammendes „Berliner Programm"[72], in seiner knappen Form und in seiner Beschränkung auf die sogenannten Kernthemen[73] der Piraten wurde es aber mittlerweile von vielen als nicht mehr ausreichend angesehen[74]. Zum Zeitpunkt der Beschlussfassung des „Berliner Programms" zählte der Landesverband (LV) ungefähr 60 Mitglieder. Inzwischen waren dem LV knapp 900 Mitglieder beigetreten (Abb.2).

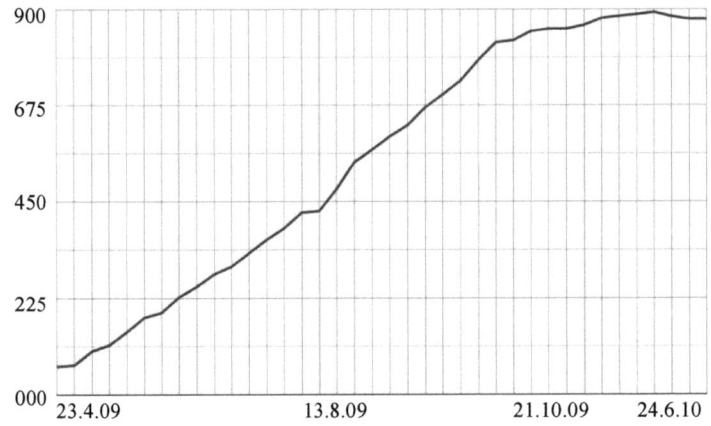

Abbildung 2: Mitgliederzahlen LV-Berlin[75]

Mit den vielen neuen Mitgliedern kamen auch neue politische Ideen und Inhalte in die Partei, die wesentlich weiter reichten als das bestehende Kernprogramm.

---

[72] http://wiki.piratenpartei.de/BE:BerlinerProgramm
[73] Die Überschriften zu den einzelnen Abschnitten lauteten: Mehr Demokratie, Bundesweiter Volksentscheid, Vielfalt und Kunst im öffentlichen Raum, Datenschutz und Bürgerrechte,
[74] Zudem enthielt es einzelne Forderungen, wie beispielsweise das „Verbot von Werbung im öffentlichen Raum", die inzwischen von vielen als unerfüllbar und weltfremd betrachtet wurden.
[75] Quelle: http://wiki.piratenpartei.de/Datei:Mitgliedergrafik-LV-Berlin.png#file

Diese galt es nun programmatisch zu formulieren. Die Teilnahme des Autors an den Aktivitäten zur Programmarbeit, an deren Ende als (vorläufig) abschließendes Dokument ein Grundsatzprogramm stehen würde, bildete den Fokus der Untersuchung zur Praxis der Meinungs- und Willensbildung in der Piratenpartei.

6.4.3 Die kommunikative und soziale Praxis

Die Teilnahme an der Programmarbeit fußte auf zwei voneinander zu unterscheidenden Sphären der innerparteilichen Kommunikation. Zum einen fand der Autor eine Sphäre der realweltlichen Kommunikation (Kommunikation unter Anwesenden) vor. Zum anderen erschloss sich ihm eine Sphäre der digitalen Kommunikation mit einer Vielzahl an unterschiedlichen Kommunikationskanälen. In der realweltlichen Kommunikation basierte die Beobachtung auf der Teilnahme an den wöchentlichen Treffen seiner Crew, der sporadischen Mitarbeit an dem eigens zur Entwicklung des Grundsatzprogrammes gegründeten „Programmsquad", den gelegentlichen Besuchen der wöchentlichen landesweiten Treffen im „Kinski" sowie schließlich der Akkreditierung auf der LMV 2010.2. Zu den digitalen Kommunikationskanälen zählte neben den für die *RealLife*-Treffen spezialisierten Piratenpads und Mailinglisten (ML) die Liste des Berliner Landesverbandes sowie die bundesweiten Mailinglisten „Aktivenliste" und die Liste der AG-Urheberecht. Zusätzlich verfügte der Autor über einen Account auf dem *Piratenwiki* und einen Zugang zu *LiquidFeedback* (LQFB), wo er sich an der Entwicklung und Abstimmung der Programminitiativen beteiligte. Schließlich sind noch einige weitere Kommunikationskanäle (wie Blogs, Podcasts, Twitter) zu erwähnen, die eine Reihe interessanter Dokumente bereithielten. Im Gegensatz zu ersteren erfolgte hier die Beobachtung eher sporadisch und anlassgesteuert, während insbesondere die obengenannten Mailinglisten und *LiquidFeedback* regelmäßig aufgesucht und dokumentiert wurden.

6.5 Qualitative Interviews

Zum Ende des Feldaufenthalts wurde deutlich, dass die Beobachtung und Dokumentensammlung im Feld einer zusätzlichen empirischen Anreicherung bedurfte. Um Situationsdeutungen, Handlungsmotive, Alltagstheorien, Selbstinterpretationen, aber auch spezifisches Insiderwissen der Akteure in offener Form zu erfragen, wurde die Durchführung qualitativer Einzelinterviews geplant.

6.5.1 Das problemzentrierte Interview

Geplant als kommunikativer Forschungsprozess im Sinne einer „Ko-Konstruktion von Wirklichkeit" (vgl. Froschauer/ Lueger 2003: 51), wurden die Interviews möglichst offen angelegt, um einen diskursiven und dialogischen Verlauf zu ermöglichen. Des Weiteren hatten die Beobachtungen im Feld den Forscher bereits zu einer Vorstrukturierung von Problemfeldern mit mehr oder weniger spezifischen Fragestellungen angeregt, die sich in einem Gesprächsleitfaden niederschlugen. Dieser wurde mit offen gehaltenen Eingangsfragen zu den jeweiligen Themenbereichen versehen. Diese ermöglichten vom Leitfaden abweichende narrative bzw. diskursive Gesprächsepisoden. Nicht selten mussten die weiter führenden Fragen nicht mehr explizit gestellt werden, da sie bereits im Gesprächsverlauf beantwortet wurden. Manchmal taten sich auch überraschende neue Aspekte auf, die weiterverfolgt und zum Teil in den späteren Interviews wieder aufgegriffen wurden. Dieser offene, prozesshafte Umgang mit dem Leitfaden bot einen tieferen Einblick in die Selbstverständigungen und Alltagstheorien der Beforschten. Die von den Interviewten eingebrachten Themen und die von ihnen gesetzten Schwerpunkte ließen Sinn- und Bedeutungskonstruktionen deutlich werden, die im weiteren Verlauf der Interviewreihe verdichtet werden konnten.

Der den Interviews vorangegangene Aufenthalt im Feld und die Teilnahme an der kommunikativen und sozialen Praxis in der Piratenpartei ermöglichte neben der thematischen Strukturierung der Interviews auch eine bessere Vorbereitung auf die sozialen Aspekte der Gesprächssituation. Den Interviewpartnern war der Autor meist bereits bekannt. Er hatte mit ihnen zuvor das eine oder andere Gespräch geführt und sie während der Beobachtungsphase als politische und soziale Akteure in der Partei erlebt. Zudem verfügten die Befragten über Erfahrung in der politischen Kommunikation[76], weshalb der Autor auf offene und engagierte Gesprächspartner traf, die sich auch zu schwierigen Fragen bemerkenswert reflektiert äußerten.

Ihre in den Text eingearbeiteten Aussagen lassen sich durch die in Klammern dazu gesetzten Namen der jeweiligen Interviewteilnehmer (ohne Jahres- und Seitenangabe) zuordnen. Eine Liste der Interviewpartner findet sich im Anhang.

---

[76] durch die Teilnahme an Diskussionen, Arbeitsgruppen, Versammlungen und natürlich auch Interviews

6.5.2 Auswahl und Ansprache der Interviewteilnehmer

Da die Untersuchung der Programmarbeit im Fokus dieser Arbeit steht, lag es nahe, auf der LMV 2010.2 nach geeigneten Interviewpartnern Ausschau zu halten. Die meisten wurden auf der Versammlung persönlich angesprochen und dann per E-Mail angefragt. Allerdings gab es darauf wenig Rücklauf[77], so dass eine Vielzahl der Interviews erst durch erneute persönliche oder telefonische Kontaktaufnahme zustande kamen. Dadurch ergab sich eine Konzentration auf im Offline-Parteileben sehr präsente Akteure, während die Ansprachen von Piraten aus der Peripherie der Partei[78] bis auf eine Ausnahme unbeantwortet blieben. Ein auf den ML-Listen äußerst aktiver und hochkritischer Akteur, der sehr viel Wert auf seine Anonymität legte, lehnte es beispielsweise ab, per E-Mail dem Autor gegenüber seine Kritik an der innerparteilichen Meinungsbildung zu konkretisieren.

6.5.3 Leitfadenstruktur

Bis auf einen hatten alle Interviewpartner an der LMV 2010.2 teilgenommen. So bot es sich an, zum Eingang der Interviews den Fokus auf das gemeinsam erlebte Ereignis Landesmitgliederversammlung zu legen. Dabei fungierten die als politischer Wille formulierten und verabschiedeten Ergebnisse der Arbeit am Grundsatzprogramm als Einstieg in die Rekonstruktion der kommunikativen und sozialen Praxis in der Piratenpartei. Im weiteren Verlauf der Interviews wurden allgemeiner gefasste Fragen zu der Kommunikationspraxis in der Piratenpartei sowie über ihr Verhältnis zu ihren politischen, sozialen und technischen Umwelten gestellt.

6.6 Offenheit und Anonymität

Die *teilnehmende Beobachtung* war als ein Zugang zum Feld aus der Perspektive eines Parteimitgliedes angelegt. Zudem handelte es sich um eine offene Form der Beobachtung. Bei den *RealLife*-Treffen wurde das wissenschaftliche Interesse

---

[77] Auf 11 E-Mail-Anfragen gab es nur zwei (positive) Antworten. Sprach man die Nicht-Antwortenden dann allerdings im RealLife an, wurden die Interviews meist erfolgreich verabredet.

[78] also Akteure, die weniger im *RealLife* als mit ihren kritischen Beiträgen in der Netzkommunikation auffielen

des Autors im Rahmen der Vorstellungsrunden dargelegt[79], und es gab keinerlei Einwände der Teilnehmer gegenüber der wissenschaftlichen Auswertung. Zu Beginn der systematischen Beobachtung der verschiedenen Mailinglisten stellte er sich auch dort mit seinem Anliegen per E-Mail vor und bat um Antwort, falls jemand diesem nicht zustimmen würde. Widerspruch gab es keinen, was zu erwarten war, da es sich um öffentlich zugängliche Listen handelte, die zudem archiviert wurden. Einzig auf dem *Piratenwiki* und auf *LiquidFeedback* wurde kein explizites Einverständnis eingeholt, da es sich bei beiden Systemen um öffentlich zugängliche Plattformen[80] handelt, deren wissenschaftliche Untersuchung (insbesondere bei LQFB)[81] ausdrücklich erwünscht ist. Dafür stellt LQFB sogar spezifische technische Schnittstellen zur statistischen Auswertung zur Verfügung.

Zum Umgang mit dem offenen Einblick, den die Partei dem Beobachter gewährt, gehört auch ein vertraulicher Umgang mit den dort gewonnenen persönlichen Daten. Obwohl die meisten von ihnen auf öffentlich zugänglichen digitalen Archiven abgelegt sind, werden in dieser Arbeit keine Angaben zu Akteuren veröffentlicht, die einen Rückschluss auf ihre Identität ermöglichen[82], es sei denn, die Beobachteten haben dem explizit zugestimmt oder die entsprechenden Dokumente sind einschließlich ihrer personellen Zuordnung in einer Art und Weise abgelegt, die den Wunsch der Autoren nach öffentlicher Kenntnisnahme zweifelsfrei deutlich macht[83].

---

[79] Mit Ausnahme der LMV 2010.2., wo die Versammlung einstimmig die Anwesenheit von Gästen, die Zulassung von Pressevertretern und die Zulassung von Bild und Tonaufnahmen beschloss, was eine gesonderte Anfrage des Autors obsolet machte.

[80] wobei der öffentliche Zugriff auf LQFB nur anonymisierte Daten bereithält

[81] Siehe unter 5.2.1 der Nutzungsbedingungen von LQFB: „Zudem räumst du uns das einfache, räumlich und zeitlich unbeschränkte Recht ein, deine Inhalte (ausgenommen natürlich die Profilinhalte (zu diesen siehe Punkt 2.3 der Datenschutzerklärung)) für wissenschaftliche Zwecke zu nutzen und/oder durch Dritte nutzen zu lassen." Quelle: https://lqpp.de/be/usage_terms/usage_terms.html

[82] So werden die Angaben zu den Autoren auf den Mailinglisten grundsätzlich anonymisiert.

[83] Dies gilt zum Beispiel für viele auf dem Piratenwiki abgelegte Dokumente oder auch Meinungsäußerung auf öffentlichen Blogs.

7 Die Programmentwicklung im LV-Berlin

Die Analyse der Meinungs- und Willensbildung in der Piratenpartei fußte auf der *teilnehmenden Beobachtung* der Entwicklung des Berliner Grundsatzprogramms. Dabei bildeten die Aktivitäten im Landesverband das soziale Handlungsfeld, in dem sich der Autor bewegte. Hier fand er verschiedene Organisations- und Kommunikationsformen vor. Diese basieren zum einen auf realweltlicher und zum anderen auf Online-Kommunikation. Die unterschiedlich vernetzten und parallel existierenden *RealLife*-Strukturen und besonders die Vielzahl an verschiedenen digitalen Kommunikationskanälen[84] in der Piratenpartei bilden eine unübersichtliche Kommunikationssphäre. Naturgemäß konnte sich die Beobachtung nur auf einen Ausschnitt von Organisations- und Kommunikationszusammenhängen im *RealLife* und in der digitalen Welt konzentrieren. Diese sollen im Folgenden beschrieben werden. Danach wird mit der Plattform *LiquidFeedback* (LQFB) eine Form netzbasierter Kommunikation vorgestellt, die in der Piratenpartei eine besondere Bedeutung hat.

7.1 Das digitale Kommunikationsnetz

Wie schon bei der Beschreibung des Feldzuganges (Kap. 5) dargelegt, erschloss sich dem Autor das soziale Handlungsfeld der Piratenpartei auf Basis der realweltlichen Zusammentreffen ihrer Mitglieder. Bei diesen Treffen wurde schnell deutlich, dass ein besonderer Aspekt die Alltagspraxis in der Partei prägt: Wo immer der Autor Piraten traf, sei es in den *Crews*, in den *Squads*, auf den Landesmitgliederversammlungen oder bei sonstigen Gelegenheiten, war die Mehrzahl von ihnen mit internetfähigen mobilen Endgeräten ausgestattet und somit stets auf Sendung und Empfang. Die Aufmerksamkeit, mit der die Online-Kommunikation während der *RealLife*-Treffen beobachtet wurde, verdeutlicht, wie sehr die innerparteiliche Kommunikation von einem Netz digitaler Kanäle

---

[84] Die Recherche ergab (ohne Anspruch auf Vollständigkeit): Piraten-Wiki; PiratePads; Mailinglisten; Twitter; Facebook; StudiVZ und andere soziale Netzwerke; Weblogs; Podcasts; das Portal: Live.Piratenpartei.de; das Netzwerk: MyPirates.net sowie Telefon- und Mumble-Konferenzen. Eine sehr nützliche Übersicht über die vielen Kommunikationskanäle in der Piratenpartei findet sich auch unter: http://wiki.piratenpartei.de/Kommunikation

durchzogen ist, über das permanent Informationen ausgetauscht und abgelegt werden. Dabei entstehen riesige Mengen digitaler Artefakte, die gewissermaßen als „Online-Gedächtnis" der Partei im Netz verbleiben. Damit stellen sie dem Autor eine wichtige Quelle zur Rekonstruktion der Meinungs- und Willensbildungsprozesse in der Partei zur Verfügung. Ebenso zeugt der reiche Fundus im Netz von den vielfältigen Möglichkeiten, die den Piraten – und nicht nur ihnen – erlauben, sich unabhängig zeitlicher und räumlicher Beschränkungen über die Vorgänge in der Partei auf dem Laufenden zu halten.

7.1.1 Das Piratenwiki

Den Kern des „Online-Gedächtnisses" der Piratenpartei bildet ohne Zweifel das *Piratenwiki*. *Wikis* sind Anwendungen, mit denen Dokumente „...direkt im Browser angelegt, editiert und über eine spezielle Syntax mit anderen Seiten des Wikis verlinkt werden können." (Schmidt 2009: 25). Sie dienten bereits in den 1990er Jahren bei IT-Projekten zur Koordination und Dokumentation und werden inzwischen zunehmend in der internen Organisationskommunikation eingesetzt (vgl. ebd.). Obgleich das *Piratenwiki* in der Vergangenheit auch zur Erstellung von Meinungsbildern und der Vorbereitung von Parteitagen eingesetzt wurde[85], dient es in der Piratenpartei eher der Dokumentation als der Kommunikation. Mit insgesamt 97.107 Seiten[86] ist das *Piratenwiki* eines der weltgrößten *Wikis* überhaupt. Deswegen ist es wichtig, bei der Nutzung der Inhalte unbedingt die dazugehörigen Verweisungslinks zu archivieren, denn sonst ist es „...manchmal schwierig da etwas wiederzufinden" (Andreas Baum).

Zunächst einmal beinhaltet das *Piratenwiki* offizielle Aussagen der Partei, in denen Vorstandsbeschlüsse, Satzungen und Parteiprogramme öffentlich gemacht werden. Diese dürfen natürlich nur von entsprechend autorisierten Personen bearbeitet werden. Im Gegensatz dazu gilt aber für den weit größeren Teil der Inhalte:

> „...dass hier von jedem Nutzer Texte und Bilder veröffentlicht werden können. Hier dargestellte Meinungen und Thesen sind in der Regel keine offiziellen Aussagen der Piratenpartei, außer sie sind entsprechend gekennzeichnet."[87]

---

[85] was sich nur als eingeschränkt nützlich erwies, wie beispielsweise die Antragsfabrik für den Bundesparteitag in Bingen im Juni 2010
[86] Stand 13.04.11
[87] http://wiki.piratenpartei.de/Piratenwiki

Das *Piratenwiki* ist öffentlich und jeder kann mitmachen (auch Nichtmitglieder). Somit zählt es mit 12.725 angemeldeten Profilen[88] mehr Benutzer, als die Partei Mitglieder hat[89]. Einmal angelegte Seiten werden in der Regel nicht gelöscht und ihre Änderungen können, „...nachverfolgt und gegebenenfalls wieder rückgängig gemacht werden" (Schmidt 2009: 25). Die dort bereitgestellten Informationen sind mit Verlinkungen zu anderen Dokumenten im *Wiki*, auf LQFB oder den Piratenpads versehen. Auf dem *Piratenwiki* finden sich die offiziellen Verlautbarungen des Vorstandes sowie die Protokolle seiner Sitzungen. Auch die einzelnen *Crews* im Berliner Landesverband betreiben eigene *Wiki*-Seiten, auf denen sie die interessierte Öffentlichkeit mit Informationen über sich und ihre Treffen versorgen.

Bei der Arbeit am Grundsatzprogramm kam das *Wiki* hauptsächlich zu Dokumentationszwecken zum Einsatz. Bei der Rekonstruktion der Meinungs- und Willensbildungsprozesse fand der Autor eine Fülle von Informationen, die zur Absicherung und Ergänzung seiner Notizen und Protokolle hilfreich waren. Die häufigen Verweise auf das *Piratenwiki*, die in dieser Arbeit zu finden sind, unterstreichen dessen Bedeutung als „digitales Gedächtnis" der Partei.

7.1.2 Die Mailinglisten

Neben vielen spezialisierten Mailinglisten, mit deren Hilfe sich die Mitglieder in den lokalen Squads und Crews miteinander vernetzen und austauschen, gibt es die *Liste des Berliner Landesverbandes* der Berliner Piraten (im Folgenden kurz „Berliner Liste" genannt). Diese wird als Diskussions- und Ankündigungsmedium genutzt und ist die am häufigsten frequentierte Liste im Landesverband. Damit bildet sie auf Landesebene das Pendant zur bundesweiten *Aktiven-Liste*, welche die am meisten genutzte Mailingliste in der Piratenpartei ist. Zusätzlich existieren noch eine Reihe von Listen, die verschiedenen bundesweiten Arbeitsgemeinschaften zugeordnet sind. Allen beobachteten Mailinglisten[90] ist gemein, dass sie öffentlich sind und nicht moderiert werden. Die Teilnahme steht nicht nur jedem Piraten frei, sondern auch Nichtmitglieder können sich dort anmelden und ohne jede Beschränkung beteiligen.

Das Verhältnis der Piraten zu Mailinglisten ist aber ausgesprochen ambivalent. So werden kleinere[91] durchweg positiv bewertet[92]. Je größer sie allerdings

---

[88] Stand 13.04.11
[89] Wobei es allerdings möglich ist, dass sich einzelne Personen mit mehreren Profilen anmelden, was bei Abstimmungen auf dem Wiki zu Verzerrungen führen kann.
[90] vgl. Kap. 6.1.3
[91] die als Crew- und Squad- oder als anderweitig spezialisierte Listen geführt werden.

sind, desto eher droht ein Thema unterzugehen und umso schwieriger ist es, dort eine inhaltliche Diskussion zu führen (Gerwald Claus-Brunner). Dies gilt vor allen Dingen für die *Berliner Liste* und die bundesweite *Aktiven-Liste*. Viele haben sich von diesen inzwischen abgemeldet, weil der Aufwand, sie zu verfolgen, ein „Full-Time Job" (Pavel Mayer) ist. Andere lesen sie trotzdem mit, aus Sorge wichtige Informationen zu verpassen (Lena Rohrbach). In diesem Fall werden sie nicht selten mit mehreren hundert E-Mails täglich konfrontiert, vor allem wenn in der Piratenpartei einer der berüchtigten „Flamewars" oder „Shitstorms" ausbricht[93]. Dann ist es besonders aufwendig und nervenaufreibend, relevante Beiträge auf den Listen zu finden, und wichtige Informationen drohen in den ausufernden Diskussionen unterzugehen, wie es der ironische Unterton folgender Mail[94] nahelegt, auf die es bezeichnenderweise kein Feedback gab:

> „Wenn ihr es mir verzeiht, dass ich die Hauptflamewarliste des Landesverbands missbrauche, um politische Themen anzusprechen, würde ich euch gerne auf die Programminitiative zum Thema "Mehr Demokratie wagen hinweisen, die ich gerade als Alternative zu den zwei schon vorhandenen Vorschlägen eingestellt habe: https://lqpp.de/be/initiative/show/857.html[95] Feedback ist erwünscht."

7.1.3 Das Scheitern der großen Mailinglisten als Diskussionsmedien

Auf der *Berliner Liste* fanden kaum inhaltliche Diskussionen statt, die zur Entwicklung des Grundsatzprogrammes beitrugen. Dies lässt sich zum Teil mit den negativen Erfahrungen erklären, die in der Vergangenheit mit den Diskussionsverläufen auf großen Mailinglisten gemacht wurden. Folgender Mailwechsel verdeutlicht die kritische Haltung dazu. Am 29.11.10 fragte auf der *Berliner Liste* ein dem Autor unbekannter Absender:

> „Was spricht den eigentlich gegen die Verlängerung der A100?"

---

[92] „Für fruchtbare Diskussionen, egal auf welchem Medium, muss man die Gruppe entsprechend klein halten (aber auch nicht zu klein). Aus Browser Games kenne ich, dass eine Allianz mindestens 10 Mitspieler braucht, ideal sind 20, die Obergrenze ist bei 40 Mitspielern" (Gerwald Claus-Brunner).
[93] vgl. Kap. 7.1.2.3
[94] gelesen auf der Berliner Liste vom 24.07.10
[95] Der Link verweist auf die Plattform LiquidFeedback, einem Abstimmungstool, auf das weiter unten eingegangen wird.

7.1 Das digitale Kommunikationsnetz

Darauf gab es postwendend – und bevor sich jemand anderes dazu äußerte – diese Antwort eines auf der Liste sehr aktiven und in der Partei aufgrund seines „forschen" Auftretens nicht unumstrittenen Piraten:

> „Was spricht dagegen, sich erst über die öffentlichen Argumente zu informieren, statt einen klassischen trollthread vom Zaun zu brechen? Ok, das mag sicherlich etwas hart klingen, doch aus Erfahrung ist bekannt, das dies genau der Weg ist, sinnfreie Debatten auf großen Mailinglisten loszutreten. Um auch ein wenig konstruktiv zu sein: http://lmgtfy.com/?q=a100+stoppen"

Damit war die Diskussion beendet, bevor sie überhaupt begonnen hatte. Auf der einen Seite fällt hier auf, wie eine Diskussion schon im Ansatz durch ein prominentes Mitglied der Partei „abgebügelt" wird. Auf der anderen Seite zeigt der relativierende Zusatz des Antwortenden, dass er die Kommunikationsregeln der Liste sehr gut kannte. Tatsächlich deckt sich seine Einschätzung, dass man mit einem solchen „klassischen trollthread"[96] beste Chancen, hat eine „sinnfreie" Debatte „loszutreten", mit den Beobachtungen, die der Autor auf den großen Mailinglisten machte. Ursprünglich sinnvoll erscheinende Diskussionsansätze zerfaserten mit zunehmender Dauer. Anstelle eines möglichen Konsenses entwickelte sich meist ein schärferer Dissens, der oft in Wertedebatten religiösen Ausmaßes ausuferte und nicht selten in persönlichen Anfeindungen mündete. Kurzum: Diskussionen auf den großen Mailinglisten der Piratenpartei erwiesen sich als äußerst anfällig für emotionale und aggressive Auseinandersetzungen. Je größer die Zahl der Teilnehmer war, umso größer war auch die Wahrscheinlichkeit für „Flamewars" und „Shitstorms".

7.1.3.1 Subjektive Erfahrungen

Ergebnislose Diskussionen sowie von persönlichen Angriffen begleitete Debatten auf den Mailinglisten gehörten zu den alltäglichen Erfahrungen des Autors während der Beobachtungphase. Das Studium der Posts auf der *Berliner Liste* war nicht nur zeitaufwendig, sondern führte auch regelmäßig zu massivem Unbehagen angesichts der emotional aufgeladenen Diskussionen, deren Zeuge er wurde. Mit der Zeit entwickelte er zwar eine gewisse Routine darin, die Beiträge besonders streitfreudiger Listenmitglieder auszublenden, dennoch ertappte er sich wiederholt dabei, wie er sich in Diskussionen hineinziehen ließ. Manchmal konnte er dann der Versuchung nicht widerstehen, seinen eigenen Standpunkt in

---

[96] vgl. folgende Fußnote zum Begriff des „Trolls". „Thread" ist der englische Begriff für die Betreffzeile einer Mail.

einem Beitrag darzulegen. Damit ging der Ärger aber erst richtig los. Erstaunlich für ihn war nämlich, dass seine, wie er glaubte, sachlich fundierten und zurückhaltend formulierten Beiträge oftmals von den Diskutanten keineswegs als solche wahrgenommen wurden. Worauf er diese in dekonstruierter Form zurückerhielt – mit dem Vorwurf versehen, er würde falsche Behauptungen aufstellen und Unterstellungen verbreiten. Damit geriet der Autor unter Rechtfertigungsdruck, und dies sorgte nicht selten für eine noch tiefere Verstrickung in die Diskussion, die – sich im Ton verschärfend – über mehrere Tage anhielt und erst in Folge einer allgemeinen Erschöpfung abebbte, ohne dass sich inhaltliche Klärungen ergeben hätten. „Mailinglisten sind für die Tonne" bemerkt dazu Christopher Lauer. Sie sind ab einer gewissen Größe als Informationsquelle nur unter großem Selektionsaufwand nutzbar. Zudem eignen sie sich wenig für konstruktive Diskussionen und Kooperationen, da sie häufig von anonymen Trollen[97] torpediert werden (Martin Haase).

7.1.3.2 Flamewars und Shitstorms

Wenn nun Mailinglisten kaum konstruktive Diskurse befördern können, so ließe sich doch zumindest annehmen, dass sie ein Bild darüber ablieferten, wie die Stimmungen und Meinungen zu bestimmten Themen an der Parteibasis seien. Diese Vermutung konnte aber während der Untersuchung nicht bestätigt werden. Die Beobachtung der *Berliner Liste* und der bundesweiten *Aktiven-Liste* ergab, dass die Beiträge häufig negativ motiviert waren.

> „Auf der ML hat immer der die Motivation, der etwas dagegen sagen möchte. Die Motivation ist schwächer, wenn man einen Konsens- oder Kompromissstandpunkt vertreten möchte." (Martin Delius)

Es fanden sich auf den Listen deutlich mehr kritische Beiträge[98], als dass mit ihnen Personen oder Positionen konstruktiv unterstützt wurden. Die Kritik wurde oft von nur wenigen lautstark vertreten. In den anschließenden Diskussionen schienen die verschiedenen Positionen aber von ungefähr gleichstarken Gruppen unterstützt zu werden. Diese als „Flamewar" bezeichnete, typische Konstellation bei Online-Diskursen führte zu dem Eindruck, dass sich bei strittigen Themen

---

[97] Mit „Trollen" werden im Netzjargon Personen bezeichnet, die Diskussionen auf destruktive Weise behindern, indem sie fortgesetzt versuchen, die anderen Gesprächsteilnehmer zu provozieren, ohne dabei konstruktive Beiträge zu liefern.

[98] „Wenn man als Einzelperson oder kleine Gruppe in die Öffentlichkeit tritt, gerade bei einer meinungsbildungsmäßig sehr aktiven Öffentlichkeit, dann steht man unter einen enormen Druck." (Martin Delius)

7.1 Das digitale Kommunikationsnetz

meistens eine scheinbare Äquivalenz zweier konkurrierender Meinungen einstellte. Wenn über diese allerdings auf der Basis quantifizierbarer Meinungsbilder abgestimmt wurden, wie etwa auf Mitgliederversammlungen oder *LiquidFeedback*, so stellte sich häufig heraus, dass die zuvor vermeintlich starken Gruppen der vehementen Kritiker nur eine kleine Minderheit im Vergleich zur Grundgesamtheit der Partei ausmachte. So zeigen auch die Ergebnisse der Untersuchung von Sebastian Jabbusch (2011), dass die bei den Online-Diskussionen um *LiquidFeedback* wahrgenommenen Mehrheitsverhältnisse keineswegs der Stimmung der Parteibasis entsprachen.[99]

Die enormen Potenziale zur Kritik im Netz prägen nicht nur „Flamewars" als eine Auseinandersetzung zwischen konkurrierende Gruppen, sondern sie führen auch in Form von „Shitstorms" zu Angriffen auf die Reputation von Institutionen und Einzelpersonen in der Piratenpartei. Diese entwickeln als unsachliche und emotionalisierte Meinungsäußerungen eine Eigendynamik, welche sich zunehmend in einen kaum zu beruhigenden Erregungszustand aufschaukeln, bei dem die Angegriffenen sich praktisch nicht mehr wehren können, da jede ihrer Äußerungen in der Regel die aufgeladene Stimmung weiter aufzuheizen droht. Einige der Interviewpartner berichteten dem Autor von ihren persönlichen Erfahrungen als Ziel eines Shitstorms. Übereinstimmend wurde dabei die Erfahrung geäußert, dass sie in einem solchen Fall – zur Untätigkeit verdammt – über Tage von der aktiven Teilnahme an den öffentlichen Online-Diskussionen in der Partei ausgeschlossen waren.

7.1.3.3 Müllabladeplatz Mailingliste?

Bei der Beobachtung der Mailinglisten ergab sich öfters der Eindruck, dass diese auch als Ort genutzt werden, „einfach mal seinen Frust abzuladen". Der in solchen Zusammenhängen auftretende „aggressive und dominante Ton" (Lena Rohrbach) unterschied sich deutlich von der friedlichen und freundlichen Atmosphäre, die der Autor bei den *RealLife*-Treffen der Piraten wahrnahm. Dies mag daran liegen, dass ihm dort unterschiedliche Personen begegneten. Vereinzelt ließ sich aber auch feststellen, dass dieselbe Person, die auf den Listen einen ziemlich flegelhaften Eindruck machte, im realen Leben einen freundlichen und

---

[99] Jabbusch belegte in einer großen Umfrage an der 1902 von 11.500 Parteimitglieder teilnahmen, dass die Ablehnung von LiquidFeedback aus Gründen vorgeblich mangelnden Datenschutz mitnichten so weit in der Partei verbreitet war, wie es bei den heftigen Debatten auf den Mailinglisten vorher den Anschein hatte, sondern dass es sich hier um eine klare Minderheitenposition handelte.

zurückhaltenden Umgangston pflegte.[100] So ergab sich für den Autor manchmal der Eindruck, dass die Mailingliste als „Müllabladeplatz" eine psychisch entlastende Funktion für die übrige Piratenkommunikation wahrnahm. Für die Leser der Liste zeigte die hohe Zahl an aggressiven Beiträgen allerdings eher belastende Auswirkung. Deutlich wurde dies dem Autor, als er sich nach Beendigung der Beobachtungsphase von der *Berliner Liste* abmeldete – so wie die meisten der bekannten Piraten. Im Ergebnis stellte sich schnell eine deutliche Entspannung in seinem Verhältnis zur Piratenkommunikation ein, die richtiggehend körperlich spürbar war.

7.1.4 Twitter

Im Verlauf des Jahres 2010 hat sich mit Twitter ein neuer Kommunikationskanal innerhalb der Piratenpartei etabliert, dessen Bedeutung ein Jahr zuvor noch nicht abzusehen war (Martin Haase). Dieser gilt als „gute Möglichkeit Informationen zu bekommen und zu verbreiten" (Christopher Lauer) und spielt als Alternative zu den großen Mailinglisten in der Kommunikation der Partei mittlerweile eine wichtige Rolle. Man kriegt dort schnell mit, „wenn eine Sau durchs Dorf getrieben wird" (Martin Haase). Inzwischen lässt sich davon ausgehen, dass Twitter einer der meistgenutzten Kommunikationskanäle in der Piratenpartei ist.[101] Tendenziell sind diejenigen Piraten, die sich von den großen Mailinglisten zurückgezogen haben, inzwischen auf Twitter sehr aktiv, während umgekehrt die aktuell auf den die großen Listen Mitlesenden erst allmählich damit beginnen, sich mit Twitter zu beschäftigen.

Die Accounts auf Twitter sind enger mit einer Persönlichkeit verknüpft, als dies üblicherweise auf Mailinglisten der Fall ist.[102] Damit wird ein „Social-Community-Aspekt" (Pavel Mayer) in der Piratenkommunikation erzeugt, da Twitter-Accounts in ihrer Verknüpfung untereinander einen Modus von Vernetzung und Selektion ermöglichen, der auf Mailinglisten nicht zu beobachten ist.[103] Das „Followerprinzip" erlaubt es den Nutzern, sich gezielter Informationen zu-

---

[100] Diesen Eindruck bestätigte auch Martin Hase, der feststellte, dass Leute, die auf Mailinglisten oft unerträglich sind, sich im ReaLlife sehr nett und konstruktiv verhalten können.

[101] „Die meiste Aktion ist auf Twitter zu finden" (Andreas Baum) „Die meisten Piraten trifft man tatsächlich auf Twitter" (Pavel Mayer)

[102] „Twitter ist persönlich, weil die meisten der Accounts mit einer Persönlichkeit verknüpft sind. Wenn mich auf Twitter einer beleidigt, gucke ich mir an wie viele Leute dem folgen. Wenn ich sehe: Aha, 60 Leute dann denke ich ja cool, wenn ich meinen 1100 Followern mitteile XY ist blöd, dann hat das mehr Gewicht als der. Twitter macht die Bewertung einfacher, weil man schon weiß aus welcher Ecke es kommt und wie die vernetzt ist." (Christopher Lauer)

[103] Wo normalerweise jeder zu allen spricht.

7.1 Das digitale Kommunikationsnetz

kommen zu lassen, indem sie nach Absendern selektieren oder bestimmten „Hashtags" folgen. Dies und die Beschränkung auf 140 Zeichen bieten den Vorteil, sich innerhalb kürzerer Zeit einen Überblick verschaffen zu können, als dies beim Mitlesen von Mailinglisten möglich ist. Mit Twitter schafft sich jeder Nutzer sein persönlich zugeschnittenes Kommunikationsumfeld innerhalb der Partei. Indem er aber nur Personen und Themen folgt, deren Beiträge er für lesenswert hält, blendet er gleichzeitig auch einen Teil der Piratenkommunikation aus.

Dennoch kann davon ausgegangen werden, „dass der Betreffende die Nachricht auch zur Kenntnis nimmt" (Pavel Mayer), wenn in einem Tweet ein entsprechender „Nick" oder „Hashtag" auftaucht. Dies wird u.a. dadurch sichergestellt, dass relevante Tweets „retweeted" werden und so die wirklich wichtigen Dinge in den Wahrnehmungsbereich der Nutzer gelangen, selbst wenn diese eine Zeitlang offline waren. Somit wird Twitter im Vergleich zur E-Mail in einer weniger verbindlichen Art und Weise genutzt[104]. Im Grunde stellt es kein Diskussionsmedium dar, sondern es dient hauptsächlich dazu, auf Diskussionen anderorts hinzuweisen. Wichtige Blog- und *Wiki*-Einträge sowie LQFB-Initiativen werden dort bekannt gemacht. Gleichzeitig wird Twitter zur Kommentierung von *RealLife*-Ereignissen genutzt. So war beispielsweise während der Landesmitgliederversammlung auffällig, dass viele Teilnehmer parallel zur *RealLife*-Kommunikation stets auch über Twitter kommunizierten und damit sowohl mit räumlich abwesenden Personen in Kontakt traten, als auch mit im Raum anwesenden Teilnehmern in Verbindung standen.

Inwieweit die Nutzung von Twitter die Entwicklung des Berliner Grundsatzprogrammes konkret beeinflusst hat, lässt sich an dieser Stelle nicht sagen, da dies im Rahmen der Feldstudie nicht systematisch beobachtet wurde. Die Bedeutung von Twitter erschloss sich dem Beobachter erst zum Ende des Feldaufenthalts, insbesondere infolge der häufigen Erwähnung durch die Interviewpartner. Diese nannten Twitter zwar als wichtigen Kanal für die innerparteiliche Kommunikation, verwiesen aber gleichzeitig auf die Beschränkung der Textgröße, weshalb dort in der Regel keine Diskussionen geführt werden könnten. Für die Auswirkungen auf die Programmarbeit lässt sich an dieser Stelle lediglich konstatieren, dass die Nicht-Nutzung von Twitter für den Autor kein erkennbares Hindernis zur Teilnahme am Prozess der Programmentwicklung darstellte.

---

[104] „Wenn ich eine E-Mail schreibe, dann habe ich den Anspruch, dass das auch gelesen wird. Twitter ist viel unverbindlicher, luftiger und leichter." (Andreas Baum)

7.1.5 Blogs

Besonders aktive Piraten betreiben häufig ihre eigenen Blogs. Eine kurze Recherche mithilfe des *Piratenwikis* ergab, dass sechs der acht Interviewpartner einen eigenen Blog betreiben, auf den sie in ihrem Benutzerprofil hinweisen. Dieses Zahlenverhältnis entspricht den Beobachtungen, die der Autor im Feld machte. Wurde er innerhalb der Partei auf aktive Teilnehmer aufmerksam und recherchierte über diese Personen im Netz, so fand er häufig von ihnen betriebene Blogs, welche sie dazu nutzten, ihre politischen Meinungen und Standpunkte zu Fragen, die in der Partei diskutiert wurden, ausführlich darzulegen. Oftmals wurde in Online-Diskussionen auf Mailinglisten, oder auch wenn Piraten für ein Amt in der Partei kandidierten, auf entsprechende Beiträge verwiesen. Im Rahmen der Programmentwicklung traten die Blogs allerdings weniger in Erscheinung. Bis auf eine Ausnahme, bei der auf einer *Wiki*-Seite[105] die dezidierte Auffassung eines Parteimitgliedes zum Programmpunkt „Integrations- und Migrantenpolitik" dargelegt und diskutiert wurde, sind während der Beobachtung keine Blogbeiträge aufgefallen, die sich gezielt auf das Berliner Grundsatzprogramm bezogen.[106]

7.2 Zwischenfazit I

Die Beobachtung von *Piratenwiki*, Mailinglisten und Blogs ergab Hinweise auf eine hochaktive digitale Kommunikationssphäre innerhalb der Piratenpartei. Online-Diskurse, die konstruktive Beiträge zur Meinungs- und Willensbildung in der Piratenpartei leisteten, konnten darin jedoch kaum identifiziert werden. Im Gegenteil: Besonders die Kommunikation auf großen Mailinglisten erwies sich ungeeignet, da dortige Diskussionsansätze in der Regel äußerst anfällig für Störungen waren.[107] Der Verdacht des Autor, er habe einen wichtigen Kommunikationskanal übersehen, konnte durch die Ergebnisse der Interviews ausgeräumt werden. Zwar erschloss sich dem Autor erst während der Interviews die wichtige Funktion, die Twitter inzwischen in der Piratenkommunikation ausübt, ein Medium zu tiefgreifenden meinungs- und willensbildenden Diskursen stellt dieses

---

[105] http://wiki.piratenpartei.de/BE:LiquidFeedback_Themendiskussion/381
[106] Wobei angemerkt werden muss, dass das Thema „bedingungsloses Grundeinkommen" in der bundesdeutschen Blogosphäre unabhängig von der Programmarbeit in Berlin ohnehin ein vielbehandeltes Issue ist, das von den Berliner Piraten aufgegriffen wurde und sich im Grundsatzprogramm wiederfand.
[107] Diese Einschätzung ist nicht nur das Ergebnis der Beobachtung der digitalen Kommunikation durch den Autor, sondern auch innerhalb der Piratenpartei weit verbreiteter Konsens. Also auch das Ergebnis einer Beobachtung 2. Ordnung.

aber nicht dar. Zudem gab es in den Interviews vereinzelt Hinweise auf weitere Kommunikationskanäle wie Webforen und Mumble-Konferenzen[108], aber auch hier ließen sich keine umfassenden Diskussionen zur Programmentwicklung finden. Der fehlende Nachweis von diskursiven Verfahren auf den digitalen Kommunikationskanälen der Piraten lenkt den Blick auf ihre Diskussionen in der „realen Welt".

7.3 RealLife

Die Teilnahme an der politischen Praxis zeigte schon während des Feldzugangs[109], dass den *RealLife*-Treffen in der alltäglichen Kommunikationspraxis der Berliner Piraten eine wichtige Rolle zukommt. Dieser – für die menschliche Existenz selbstverständliche, aber für eine „Netzpartei" zunächst vielleicht etwas überraschende – Umstand[110] wird durch die räumliche Nähe der Berliner Piraten besonders in den Innenstadtbezirken begünstigt (Abb. 3).

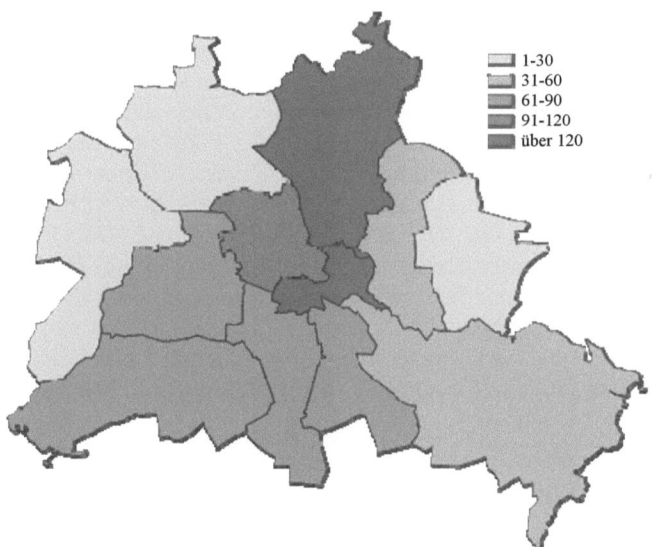

Abbildung 3: Verteilung der Mitglieder auf die Berlin Bezirke[111]

---

[108] Telefonkonferenzen, die über Online-Tools geschaltet werden
[109] vgl. Kap. 5
[110] Womit bewiesen wäre, dass Piraten auch Menschen sind.
[111] Quelle: http://wiki.piratenpartei.de/BE:Mitglieder

Christopher Lauer macht darin einen „Stadtstaatenvorteil" aus. Dabei, so Lauer, stellt sich heraus, dass kleine Veranstaltungen, bei denen sich die Leute kennen, der Versachlichung der Debatte sehr dienlich sind. Martin Haase sieht in den regen Offline-Kontakten der Berliner Piraten einen entscheidenden Faktor für den konstruktiven Verlauf der Diskussionen rund um die Programmentwicklung. Dies liegt für Pavel Mayer auch darin begründet, dass sprachliche Face-to-Face-Kommunikation einen emotionalen Subkanal (Mimik, Gestik, Sprachmodulation) bietet, der den textbasierten Online-Medien fehlt, was dort zu häufigen Fehlinterpretationen und Missverständnissen führt (vgl. Kap. 7.1.3). Im folgenden Abschnitt sollen deshalb die *RealLife*-Zusammenkünfte der Berliner Piraten und die unterschiedlichen Rahmen und organisationalen Vorrausetzungen, unter denen sie sich vollzogen, beschrieben werden.

7.3.1 Überblick

Die Piratenpartei ist – genau wie alle anderen politischen Parteien in Deutschland – dem Parteiengesetz unterworfen. Dieses schreibt die Bildung bestimmter offizieller Gremien (und damit *RealLife*-Treffen) vor, deren wichtigste die Mitgliederversammlung[112], der Vorstand sowie das parteiinterne Schiedsgericht sind. Zur Organisationsstruktur der Piratenpartei zählen darüber hinaus zwei weitere wichtige Einrichtungen, die bei etablierten Parteien nicht vorzufinden sind: die *Crews* und die *Squads*. Ein hervorstechendes Merkmal dieser beiden Einrichtungen, die sich in der Zeit des enormen Mitgliederzuwachses im Jahr 2009 herausgebildet haben, ist ihre strikte Basisorientierung. Dabei handelt es sich um eigeninitiativ gegründete und sich selbst organisierende Einheiten, die von den offiziellen Parteigremien weitgehend unabhängig sind. Zwar wird auf dem *Piratenwiki* an prominenter Stelle darauf hingewiesen, dass es sowohl ein *Crew*- als auch ein *Squadkonzept* gibt, diese sind aber keine offiziellen Verlautbarungen der Partei, sondern von einzelnen Piraten entwickelte Vorschläge.

7.3.2 Die Squads

Bei den *Squads* handelt es sich um bezirksübergreifend agierende Arbeitsgruppen, die sich meist auf Initiative einzelner Piraten selbstständig organisieren und die überwiegend weisungsunabhängig arbeiten. Das *Squadkonzept*[113] unterscheidet zwischen *Projektsquads* (zur Planung konkreter Events), *Struktursquads* (zur

---

[112] vgl. Kap. 7.4
[113] http://wiki.piratenpartei.de/BE:Squadkonzept

Erarbeitung von Strukturen innerhalb der Partei und zur Bewältigung dauerhafter Aufgaben) sowie den *Themensquads* (zur Erarbeitung von inhaltlichen Positionen). Die *Squad* pflegt eine eigene *Wiki-Seite*, eine interne Mailingliste, sie trifft sich in der Regel an öffentlichen Orten und ist grundsätzlich offen für alle, die an einer Mitarbeit interessiert sind. Der Berliner Landesverband weist über vierzig *Squads* aus[114], die meisten der *Themensquads* sind aber inaktiv. Einzelne von ihnen erarbeitete Vorschläge flossen zwar in die Programmanträge ein, dies konnte aber vom Autor nicht genauer beobachtet werden. Seine Beobachtung in diesem Feld konzentrierte sich daher auf die *Grundsatzprogrammsquad*.

7.3.2.1 Die Grundsatzprogrammsquad

Die *Grundsatzprogrammsquad*[115] wurde eigens zur Entwicklung des Grundsatzprogramms gegründet. Jedoch wurde der Antrag an den Landesvorstand, sie offiziell mit der Erarbeitung zu beauftragen, einstimmig abgelehnt. Zur Begründung hieß es: Die Programmarbeit solle „auch allen anderen Einzelpiraten und Piratengruppen offenstehen"[116]. Somit handelte es sich bei der *Grundsatzprogrammsquad* nicht um eine Programmkommission, wie man sie bei den etablierten Parteien finden würde, sondern ihre Treffen ließen sich eher als eine erste Ebene der öffentlichen Diskussion zu den Anträgen verstehen. Im Schnitt waren dort zwischen 10 und 15 Teilnehmer versammelt. Bei ihnen handelte es sich zum einen um einen Kern von besonders engagierten Piraten, welche die Sitzungen regelmäßig organisierten und leiteten, zum anderen um wechselnde Teilnehmer – je nach thematischem Interesse. Es nahmen sowohl Autoren von Programmanträgen, als auch Piraten, welche die Anträge lediglich kommentierten und diskutierten, an den Sitzungen teil. Innerhalb der *Grundsatzprogrammsquad* wurde weniger konkrete Textarbeit geleistet, als dass es zu diskussionsorientierten Dialogen über die vorliegenden Anträge und Initiativen kam. Obwohl über bestimmte Antragsdetails ausgiebig diskutiert und an ihnen gearbeitet wurde, verlagerte sich die abschließende Arbeit zu den Programmanträgen häufig auf außerhalb der Squadtreffen liegende Zusammenhänge. Beispielsweise wurden zwei konkurrierende Programmanträge zum Thema "Staat und Religion" nach ausführlichem Austausch der Argumente vertagt und zur Weiterbearbeitung freigegeben, ohne bestimmte Personen dafür als zuständig zu erklären. Allgemeiner Tenor

---

[114] http://wiki.piratenpartei.de/BE:SQUADs
[115] http://wiki.piratenpartei.de/BE:Grundsatzprogramm/Archiv
[116] http://wiki.piratenpartei.de/2010-06-20_-_Protokoll_Vorstandssitzung_Landesverband_Berlin#Beauftragung_Squad_Grundsatzprogramm

war: „Derjenige, dem das Thema besonders am Herzen liegt, soll es zu Ende machen. Wenn es wichtig genug ist, passiert das auch."

Bei der Arbeit in der *Grundsatzprogrammsquad* zeigte sich, dass es „in der Ideenphase Sinn machte, sich zusammenzusetzen, sich gegenseitig Input zu geben, zu assoziieren, zu argumentieren" (Lena Rohrbach). Zur konkreten Ausgestaltung der Programmanträge erwies sich gemeinsame (Face-to-Face)-Textarbeit aber als schwierig zu bewerkstelligen (Pavel Mayer). So wurde mit der *Grundsatzprogrammsquad* zwar ein Diskussionsforum geschaffen, das die Erarbeitung der Programmanträge in einem gewissen Rahmen strukturierte. Es lässt sich aber zusammenfassen, dass die konkrete Ausgestaltung von Programmanträgen vorwiegend von Einzelpersonen und kleinen, eher informellen Teams bewerkstelligt wurde, die meist unabhängig von einer Beauftragung die Anträge vorbereiteten und deren Motivation sich aus persönlichem Interesse an dem jeweiligen Thema speiste. Auffällig war hierbei, dass die Mitglieder des Landesvorstandes bei der Antragsstellung so gut wie keine Rolle spielten. Nur an fünf Programmanträgen waren Vorstandsmitglieder beteiligt, während für die übrigen 51 Programmanträge insgesamt 32 Antragsteller[117] auftraten, die sowohl als Einzelpersonen, als auch in Gruppen von bis zu vier Personen die Anträge einbrachten.

Bei der Arbeit in der *Grundsatzprogrammsquad* ließ sich an einem einfachen, aber treffenden Beispiel beobachten, wie die Kommunikationspraxis der Piratenpartei während der realweltlichen Treffen mit dem Netz digitaler Kommunikation verwoben ist. Um die Programmanträge zu bearbeiten, wurden diese als Dokumente auf sogenannten *Piratenpads* im Netz abgelegt. Dabei ermöglichte die auf den Servern der Piratenpartei laufende Software Etherpad, den aktuellen Stand der Dokumente in Echtzeit via Internet einzusehen. Dies erwies sich nicht nur für die Zusammenarbeit vor Ort als nützlich. Die Nutzung der *Piratenpads* ging auch über die im Raum versammelten Anwesenden hinaus. Sie bot räumlich Abwesenden nicht nur die Möglichkeit, den Stand der Programmanträge einzusehen und zu bearbeiten, sie konnten auch über eine Chatfunktion mit den Anwesenden in Verbindung treten. Zugleich konnte mittels der *Piratenpads* auch außerhalb des zeitlichen Rahmens der *RealLife*-Treffen an den Dokumenten weitergearbeitet werden. Die zuständigen Online-Adressen wurden in der Regel über die üblichen digitalen Kanäle (Mailinglisten, Twitter, *Wiki* etc.) innerhalb der Partei kommuniziert, was bei der offenen Kommunikationspraxis der Piraten bedeutete, dass theoretisch jeder (auch Nichtmitglieder) sich sowohl über den

---

[117] Nicht immer waren die Antragsteller identisch mit den Autoren der Anträge. So gab es beispielsweise bei einigen Anträgen eine intensive Einbeziehung externer Experten. Dennoch repräsentiert die Liste der 35 Antragsteller in weiten Teilen den Personenkreis, der auch die Hauptakteure in der Programmentwicklung umfasste.

7.3 RealLife

Stand der Arbeit informieren, als auch seine eigenen Beiträge hinterlassen konnte. Meistens beschränkte sich der Kreis der auf den *Pads* angemeldeten Personen jedoch auf die im Rahmen der *Grundsatzprogrammsquad* bekannten Akteure. Es wurde kein Fall beobachtet, in dem zu viele zu unkoordiniert zum Inhalt eines *Pads* beitrugen und damit die konstruktive Zusammenarbeit störten. Die Nutzung der *Piratenpads* bewirkte, dass die gemeinsame Programmarbeit in der *Squad* unabhängig von den räumlichen und zeitlichen Beschränkungen der *Real-Life*-Treffen getätigt werden konnte. In der Praxis zeigte sich aber, dass eine physische Präsenz vor Ort immer noch die besten Vorrausetzungen schuf, um die eigenen Argumente zur Geltung zu bringen.

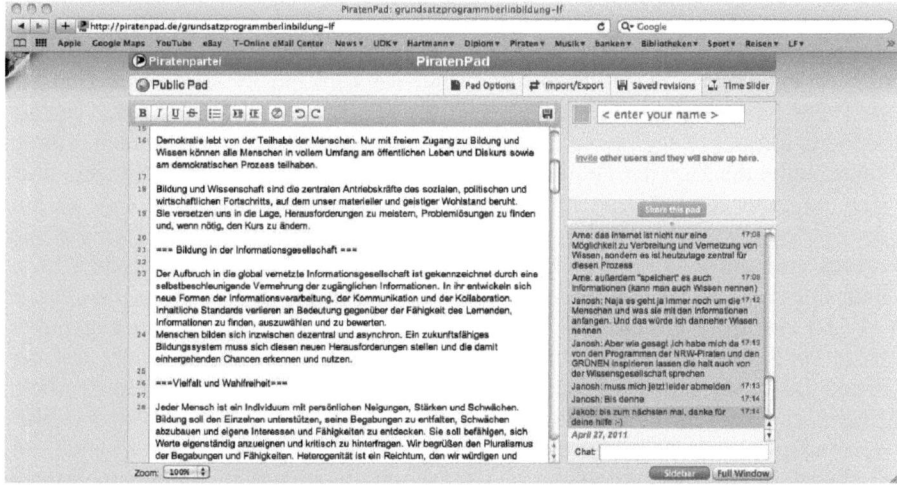

Abbildung 4:   Piratenpad

Abb. 4 zeigt ein Piratenpad. Links sieht man einen Ausschnitt der inzwischen finalisierten Version eines Programmantrages. Auf der rechten Seite im Chatfenster ist die Diskussion des Autors (Nickname: Janosh, am heimischen Schreibtisch) mit den in den Räumen des Berliner Parteibüros (Pflugstr. 9) versammelten *Squad*-Teilnehmern dokumentiert. [118]

---

[118] http://piratenpad.de/grundsatzprogrammberlinbildung-lf

7.3.3 Die Crews

Eine wichtige Rolle in der Meinungsbildung rund um das Berliner Grundsatzprogramm spielten die *Crewtreffen* in den Bezirken[119]. Innerhalb des Landesverbandes der Piratenpartei gibt es keine Bezirksverbände[120]. An ihrer Stelle übernehmen bezirklich verankerte *Crews* die Aufgabe der lokalen Mitgliedervernetzung. Das Berliner *Crewkonzept*[121] beschreibt sie als sich selbst organisierende Einheiten auf lokaler Ebene. Im Gegensatz zu Bezirksverbänden haben sie keine Vorstände und auch keinen Schatzmeister, da sie über kein eigenes Budget verfügen[122]. Es gibt in (fast) jeder *Crew* einen gewählten Käpt'n und einen Navigator. Ihre Aufgabe ist es, die Koordination und Moderation der Treffen sowie die Vertretung der *Crew* nach außen zu übernehmen. Gleichzeitig betont das *Crewkonzept* ausdrücklich, dass Käpt'n und Navigator keinerlei Entscheidungsgewalt haben und jederzeit abgewählt werden können. Die *Crew* versammelt sich regelmäßig an öffentlichen Orten. Für sie wird ein Richtwert von fünf bis neun Personen angegeben, denn sie soll nur so groß sein, dass man ohne umfassendere formale Regelungen an einem Tisch sitzen und ein Gespräch führen kann. Sollte die Zahl der Besucher dauerhaft ansteigen, wird vorgeschlagen, dass sich die *Crew* in zwei neue aufteilt. Jede *Crew* pflegt eine eigene *Wiki-Seite*, auf der die Namen der Mitglieder, die Adresse des „Ankerplatzes", die Termine und – falls vorhanden – die Protokolle der Treffen zu finden sind. Außerdem kann man sich dort auf der *crewinternen* Mailingliste anmelden.

Die starke Präferenz der Berliner Piraten für das *Crewkonzept* gegenüber einer Untergliederung des Landesverbandes in Bezirksverbände wurde auf der ersten Landesmitgliederversammlung des Jahres 2010 (LMV 2010.1) deutlich. Eine dort verabschiedete Satzungsänderung machte die Gründung von Bezirksverbänden faktisch unmöglich, indem sie vorschrieb, dass Bezirksverbände nur auf einer Gebietsversammlung (GV) mit mindestens 230 stimmberechtigten Piraten des jeweiligen Bezirks gegründet werden können[123]. Dies erschien als eine ausreichend hohe Hürde, um Bezirksverbände zu verhindern, da damals bei Gebietsversammlungen mit kaum mehr als 20 bis 30 stimmberechtigten Teilnehmern zu rechnen war.

---

[119] „In den Crews wurde viel diskutiert" (Martin Haase)
[120] Im Gegensatz dazu sind die etablierten Parteien meist bis in die Bezirks- und Ortsebene hierarchisch untergliedert.
[121] http://wiki.piratenpartei.de/Berlin/Crewkonzept
[122] Falls die *Crews* für die bezirkliche Parteiarbeit finanzielle Mittel benötigen, müssen diese beim Landesvorstand beantragt werden.
[123] http://wiki.piratenpartei.de/BE:Protokoll_LMV_Berlin_2010.1#Abstimmung_.C3.BCber_Antr.C3.A4ge_zu_Bezirksverb.C3.A4nden

Als fundamentale realweltliche Versammlungsebene der Berliner Piraten boten die Treffen in den *Crews* günstige Voraussetzungen für ein persönliches Kennenlernen der Parteimitglieder und ihrer Sympathisanten.[124] „Je besser sich die Mitglieder der noch jungen Partei im Laufe der Zeit kennenlernten", so Martin Haase, „umso mehr wurde dort auch Inhaltliches diskutiert". So bot die Heimatcrew des Autors eine regelmäßige Gesprächsplattform rund um die Entwicklung des Grundsatzprogramms. Die dortigen Diskussionen kreisten oftmals um Fragen zum „piratischen" Menschen- und Gesellschaftsbild sowie um Sinn und Zweck eines Parteiprogramms im Allgemeinen. Damit beförderten die Treffen wichtige Selbstverständigungsdiskurse. Sie führten zwar nicht immer zu einem gemeinsamen Standpunkt, wenn man sich beispielsweise über den Freiheitsbegriff im eher philosophischen Sinne austauschte, allerdings in der Bewertung der anstehenden Programmanträge zu weitgehender Einigkeit. Ähnliche Erfahrungen sammelte der Autor bei gelegentlichen Besuchen anderer Piraten-Treffen. Ebenso bestätigte sich die Einschätzung, dass „die Diskussionen zum Grundsatzprogramm am konstruktivsten waren, wenn man zusammengesessen hat", in den Aussagen der meisten anderen Interviewteilnehmer.

7.4 Zwischenfazit II: Fragmentierung

Bis hierhin lässt sich zusammenfassen, dass die konstruktiven, produktiven Diskussionen zur Programmentwicklung in erster Linie bei realweltlichen Zusammenkünften der Piraten beobachtet werden konnten. Für Martin Haase ist die Piratenpartei deshalb genauso „offline" wie andere Parteien auch. Aber ihre Offline-Kommunikation ist eng verzahnt mit der Nutzung von Online-Werkzeugen. Die Online-Welt der Piraten wiederum ist von außen frei zugänglich. Somit ist auch die realweltliche politische Praxis der Partei in einem Netz permanenter digitaler Kommunikation verwoben und vollzieht sich auf dezentral organisierten Kanälen, die ständig und von jedermann beobachtet werden können. Dies hat zur Folge, dass sich die Diskussionen zur Grundsatzprogrammentwicklung zeitnah zu ihrem realweltlichen Vollzug in großem Umfang im digitalen Kommunikationsnetz der Partei abbildet – allerdings verteilt auf die unterschiedlichsten Kanäle einer fragmentierten Kommunikationsumgebung – ohne administrative Lenkung durch Parteigremien. Manche sehen die Piraten daher bereits in „Parallelwelten" kommunizieren (Christopher Lauer), andere kritisieren, dass die fragmentierte Kommunikation zu Informationshierarchien führen kann (Lena Rohrbach). Erschwerend kommt hinzu, dass es in Berlin keinen

---

[124] vgl. Kap. 6

zentralen, vom Vorstand gelenkten Kommunikationskanal gibt, der die Mitglieder in möglichst kompakter Form über die Vorgänge in der Partei unterrichtet und sie dabei einbindet.

Bisher wurde nur von den Diskussionen in Gruppen bis zu 15 Teilnehmern berichtet. Diskussionen in einem größeren Rahmen, deren Ansätze auf den digitalen Medien verfolgt werden konnten, scheiterten, und es stellt sich die Frage nach der Verortung eines landesweit übergreifenden Diskurses zur Programmentwicklung in der Partei. Wie entwickelte sich aus den verstreuten Diskussionen vor Ort eine parteiweite Verständigung, die ausreichend war, um einen konstruktiven Verlauf der Landesmitgliederversammlung bei der Verabschiedung ihres Grundsatzprogrammes zu gewährleisten? An diesem Punkt gerät mit *Liquid-Feedback* eine Online-Anwendung in den Fokus der Untersuchung, die seit Anfang 2010 im Berliner Landesverband zur Strukturierung von Meinungs- und Willensbildungsprozessen eingesetzt wird.

7.5 LiquidFeedback

Bei *Liquidfeedback* (LQFB)[125] handelt es sich um eine Anwendung im Rahmen computervermittelter Internetkommunikation, die sich aufgrund einiger Spezifika von den bisher beschriebenen Online-Anwendungen unterscheidet. Während dem halbwegs routinierten Internetnutzer Kommunikationskanäle wie E-Mail, Web-Foren, Blogs, Wikis und Twitter bekannt sein dürften und diese mittlerweile auch Objekte wissenschaftlichen Interesses geworden sind (Schmidt 2009; Hine 2000; Beck 2006), lässt sich bei der Betrachtung von LQFB kaum auf Vorerfahrungen aufbauen. Als Einstieg in die Untersuchung soll zunächst festgehalten werden, dass sich LQFB in drei wesentlichen Aspekten von den anderen in der Piratenpartei genutzten Kommunikationskanälen (vgl. Kap. 7.1) unterscheidet:

- LQFB ist eine Online-Plattform, die innerhalb der Piratenpartei gezielt zur Generierung und Strukturierung von Meinungs- und Willensbildungsprozessen im Netz entwickelt wurde. Die Entwickler haben nicht nur die Prinzipien der Liquid Democracy[126] in die Software eingeschrie-

---

[125] Zur Funktionsweise von LQFB findet sich auf http://liquidfeedback.org/projekt/#1 eine kurze Vorstellung des Projektes.
[126] Eine Mischform zwischen direkter und indirekter Demokratie mit fließenden Übergängen. Vgl.: http://wiki.piratenpartei.de/Liquid_Democracy

- LQFB ist als eine Plattform zur Erstellung quantifizierbarer Meinungsbilder konzipiert. Dabei ist zu deren Authentifizierung nicht das Vertrauen in unabhängige Kontrolleure vonnöten, sondern LQFB ist ein System, das dank seiner Transparenz von den Nutzern selbst kontrolliert werden kann. Um dies zu gewährleisten, haben die Entwickler der Software einen – im Verhältnis zu den ansonsten in der Piratenpartei gebräuchlichen Anwendungen[128] – engen Nutzungsrahmen eingeschrieben.

ben, auch die negativen Erfahrungen mit dysfunktionalen Online-Diskursen wurden in der Plattformstruktur berücksichtigt[127].

- Im Gegensatz zu den übrigen (jedermann zugänglichen) Kommunikationskanälen in der Piratenpartei kann LQFB nur von den stimmberechtigten Mitgliedern aktiv genutzt werden[129]. Zu diesem Zweck erhalten sie per E-Mail ihre Zugangscodes, unter denen sie sich auf der Plattform einmalig registrieren können. Jedes Parteimitglied kann nur einen Account einrichten. Dabei bleibt es jedem selbst überlassen, sich mit seinem Klarnamen, mit einem weithin bekannten „Nickname" oder mit einem Pseudonym anzumelden, welches keine Rückschlüsse auf seine Identität zulässt.

7.5.1 Funktionsweise

Für viele ist die Suche nach bekannten Profilen der erste Schritt bei der Nutzung von LQFB.

> „Wenn ich meinen Account erstelle, schaue ich erst einmal: Wen kenne ich alles? Und füge diese Kontakte hinzu, weil ich sie brauche um zu delegieren oder Delegation zu bekommen." (Leena Simon).

---

[127] „Die Emotionalität ist auf LiquidFeedback extrem zurückgedrängt. Bin begeistert, dass LiquidFeedback das Emotionale zurückdrängt und das Rationale befördert." (Lena Rohrbach) „LQFB ist ein Tool welches Meinungsbildungsprozesse rationalisiert. Ich kann in einer Diskussion auf LQFB nur dafür sein. Man kann in dem Antrag des Autors nicht herumschreiben und man ist darauf angewiesen das Andere die Anregungen, die man reinschreibt, für gut befinden. (...) Die funktionieren natürlich bei konstruktiven Beiträgen am besten." (Martin Delius)

[128] Diese Anwendungen beruhen in der Regel auf Technologien, die seit Jahren allgemein bekannt sind und die von den Piraten – individuell angepasst an organisationale Erfordernisse – je nach ihren persönlichen Präferenzen genutzt werden.

[129] Allerdings lässt sich LQFB öffentlich beobachten – die Nutzerprofile sind dann anonymisiert. Siehe: https://lqfb.piratenpartei.de/

Damit erinnert die Anwendung mit seinen per Kontaktfunktion verbundenen Profilen auf den ersten Blick an ein soziales Netzwerk[130]. Es gibt auf LQFB zwar viele Profile, die nicht oder kaum vernetzt sind. Dabei handelt es sich aber fast ausschließlich um auf der Plattform wenig bis gar nicht aktive Piraten. Generell lässt sich beobachten, dass diejenigen, die auf LQFB aktiv sind[131], dort auch hochgradig miteinander vernetzt sind und ihre Stimmen untereinander delegieren, so dass vielfältige Delegationsketten und Kreisdelegationen entstehen (vgl. Jabbusch 2011: 105ff).

7.5.1.1 Das Delegationssystem

Das Delegationssystem bildet eine zentrale Funktion von LQFB. Die Möglichkeit, Delegationen einzurichten, diese aber auch jederzeit widerrufen zu können, stellt die „liquide" Schnittstelle beim Ineinandergreifen der Prinzipien direkter und repräsentativer Demokratie auf LQFB dar. So kann der Nutzer über die Initiativen selbst abstimmen oder seine Stimme an einen anderen Nutzer delegieren, der wiederum diese Stimme weiterdelegieren kann. Das „Liquide" daran ist, dass der Nutzer, wenn er über eine Initiative selbst entscheiden will, die Delegation mit nur einem Mausklick widerrufen und von seinem Stimmrecht Gebrauch machen kann. Die Stimmendelegation kommt also nur zum Tragen, wenn der Delegationsgeber eine Initiative nicht abstimmt. Die Idee dahinter ist, dass auf diese Weise die Prinzipien direkter Demokratie (jeder darf seine Stimme abgeben) mit denen der repräsentativen Demokratie (es werden bestimmte Personen gewählt um zu entscheiden) in einer Form verbunden werden, die das Entstehen starrer Delegationssysteme[132] vermeiden soll.

> „LiquidFeedback ist die Chance Basisdemokratie zu erhalten, weil sie einen Kompromiss zwischen Basisdemokratie und Delegiertensystem darstellt. Reine Basisdemokratie kann nicht funktionieren. Mit LiquidFeedback bekommen bestimmte Leute schon mehr Einflussmöglichkeiten, aber die sind kontrollierbar" (Martin Haase)

Damit die Nutzer als Delegationsgeber auch verfolgen können, was mit ihrer Stimme passiert und ggf. ihre Delegationsentscheidung korrigieren können, ist es

---

[130] Vgl.: http://www.spiegel.de/netzwelt/netzpolitik/0,1518,710321,00.html
[131] also diejenigen, die Initiativen einstellen, darüber abstimmen oder Anmerkungen dazu schreiben
[132] Wie man es von den etablierten Parteien und dem bundesdeutschen parlamentarischen System her kennt.

nötig, dass alle Aktivitäten auf LFQB für alle Nutzer nachvollziehbar offengelegt sind.[133]

7.5.1.2 Praktische Erfahrungen

Wie sich der Umgang mit den Delegationen in der Praxis ausgestaltet hat, beschreibt eine Anekdote über das Geben und Nehmen von Delegationen, wie sie sich im Herbst 2010 auf dem Bundes-LQFB[134] zugetragen hat. Der Autor hatte eine globale Delegation an den ihm aus seiner Crew bekannten Piraten M. erteilt. Diese sollte immer dann zum Tragen kommen, wenn der Autor nicht selbst abstimmen wollte, sei es aus Zeitmangel oder weil er glaubte, für eine bestimmte Entscheidung nicht ausreichend informiert zu sein. M. wiederum schien allgemein für seine Kompetenzen in der Partei geschätzt zu werden, wofür die 114 bei ihm eingegangenen Delegationen sprachen. Dennoch war auch M. nicht in der Lage, an allen Abstimmungen selbst teilzunehmen, weshalb er sein Stimmgewicht (einschließlich der empfangenen Delegationen) an insgesamt 14 weitere Nutzer themenspezifisch weiterdelegierte[135]. An sich war dies unproblematisch, war M. doch auch auf Bundesebene hervorragend vernetzt und in der Auswahl seiner themenspezifischen Delegationen vertrauenswürdig. Dennoch stellte der Autor eines Tages fest, dass er über seine Delegation an M. und dessen Weiterdelegation an W. beim Thema „Wirtschaftspolitik" ungewollt Initiativen unterstützte, deren Inhalt er nicht teilte. Als Sofortmaßnahme machte der Autor hier von seinem Stimmrecht Gebrauch, womit seine Delegation an M. verfiel, und stimmte besagte Initiativen mit „Nein" ab. Ein paar Tage später ergab sich die Gelegenheit, dies mit M. persönlich zu besprechen. Dabei erzählte M., dass er an W. delegiert hatte, weil er seine wirtschaftspolitische Kompetenz zunächst hoch einschätzte. Im vorliegenden Fall hätten ihn aber Dutzende Tweets und E-Mails erreicht, die ihn – mit dem allgemeinen Tenor: „M., Du delegierst an den Falschen" – auf jene Initiativen von W. hinweisen, die in ihrer politischen Richtung deutliche Differenzen zu den Positionen der Delegationsgeber zeigten. Nachdem er sich diese genauer angeschaut hatte, erkannte er seinen Irrtum in Bezug auf die wirtschaftspolitischen Positionen von W. und entzog ihm seine Delegation. Später erzählte M., dass er damals in kurzer Zeit so viele Delegationen wie nie zuvor verloren hatte.

---

[133] Allerdings ist dies nicht während der Abstimmungsphase möglich. Erst nach der Abstimmung kann das Votum der einzelnen Nutzer eingesehen werden. Damit sollen unerwünschte Einflussnahmen während der Abstimmung vermieden werden.
[134] Das Bundes-LQFB wurde im August 2010 gestartet.
[135] Derartige Delegationsketten sind für jeden angemeldeten Nutzer auf LQFB einsehbar.

7.5.1.3 LQFBs strukturelle Rahmung

Obige Anekdote weist auf verschiedene Aspekte im Zusammenspiel von Relationen, Regeln und Code hin, durch welche die Nutzungspraxis von LQFB strukturell gerahmt wird (vgl. Kap. 4.4)

- Die Zahl der Themen und Initiativen auf LQFB ist so groß[136], und die Kompetenzen, die benötigt werden um darüber zu entscheiden, sind so umfangreich, dass unmöglich jeder alles entscheiden kann. Um sich halbwegs auf dem Laufenden zu halten, muss man regelmäßig auf LQFB nachschauen. Diese Tätigkeit empfand der Autor als sehr zeitaufwendig, vor allen Dingen, wenn er nach längerer Abwesenheit versuchte, sich auf LQFB wieder einen Überblick zu verschaffen. Martin Delius empfiehlt daher, sich auf einen oder maximal zwei Themenbereiche zu konzentrieren und den Rest zu delegieren. Aber: „Der Arbeitsaufwand in LQFB ist selbst dann hoch." (Martin Delius)

- Auch wenn der Nutzer seine Stimme delegiert hat, bleibt es ihm nicht erspart, immer wieder zu kontrollieren, was mit seiner Stimme passiert, da Delegationsempfänger im Detail vielleicht doch andere Positionen vertreten als der Delegationsgeber, oder weil sie ihr Stimmgewicht weiterdelegieren.

- Delegationsempfänger stehen dadurch, dass ihre Aktivitäten auf LQFB nachvollziehbar abgebildet sind, unter steter Beobachtung. Eventuelle Irritationen, die ihre Aktivitäten auf LQFB auslösen, werden schnell in der hochaktiven innerparteilichen Öffentlichkeit zum Thema. Damit erreichen sie auch solche Delegationsgeber, die ihre Delegationsempfänger nicht selbst auf LQFB beobachten. Folglich müssen sich Delegationsempfänger im Umgang mit ihrem Stimmgewicht als verantwortlich gegenüber ihren Delegationsgebern zeigen, sonst droht ihnen schnell der Verlust ihres Stimmgewichts (s.o.): „...diejenigen, die Delegationen haben, sind selten unbekannt, und müssen aufpassen, dass sie das Vertrauen nicht verspielen." (Martin Haase)

---

[136] Seit seiner Einführung im August wurden bspw. auf dem Bundes-LQFB 1550 Initiativen mit 2809 Anregungen eingestellt (Stand 12.05.11).

7.5.1.4 Transparenz und Delegation

Mit dem Prinzip der Transparenz und der Möglichkeit, seine Stimme zu delegieren, sind in LQFB zwei Charakteristika angelegt, die entscheidend zu konstruktiven Meinungs- und Willensbildungsprozessen beitragen sollen. Auf LQFB wird Gesicht gezeigt. Die Identitäten der aktiven Nutzer waren im Rahmen der am Grundsatzprogramm beteiligten Personenkreise bekannt. Gleichwohl ist LQFB nur in seiner Ausgangsstruktur als Meinungsbildungstool unter Gleichberechtigten ausgelegt. Durch die Delegationsfunktion werden nämlich Akteure, die viele Delegationsstimmen auf sich vereinigen können, mit größerem Einfluss ausgestattet als andere. Transparenz und Delegation stehen dabei in einem engen Wechselverhältnis, da die Transparenz erst das für die Delegation nötige Vertrauen schafft und umgekehrt auch die Nachvollziehbarkeit der Delegationen dem System eine vertrauensfördernde Stabilität verleiht[137]. Die Meinungsbilder auf LQFB werden nicht als die Meinung einer amorphen Basis widergespiegelt – wie es bei einer anonymen Umfrage der Fall wäre – sondern mit der Nachvollziehbarkeit der Prozesse werden auch Netzwerke von Meinungen und ihre Knotenpunkte sichtbar. Um es etwas weniger IT-lastig auszudrücken: Meinungsführer und ihre Anhänger, beziehungsweise Menschen, denen eine hohe fachliche Autorität bei bestimmten Themen zugesprochen wird, werden auf LQFB genauso identifizierbar wie ihr Einfluss, den sie auf die Meinungsbildung in der Partei ausüben.

---

[137] Ähnlich fasste Pavel Meyer seine Erfahrungen mit LQFB in einer Mail von 10.08.2010 auf der Bundesaktivenliste zusammen:
„Für den LV-Berlin kann ich nach über einem halben Jahr Betrieb sagen: Die Mehrheiten, die da rausfallen, sind überraschend vernünftig. Das hat meiner Meinung nach auch mit den Delegationsketten zu tun, die dazu tendieren, in Richtung zunehmender Kompetenz und Vertrauenswürdigkeit zu verlaufen. Allerdings stimmen die meisten Mitglieder auch selbst vernünftig ab. Das hat meiner Meinung nach mit der Transparenz des Systems zu tun, in dem fast alle Mitglieder mit offenen Pseudonymen oder mit Klarnamen agieren. Daher fragen sich die meisten Mitglieder auch bei jeder Entscheidung, ob sie in der Lage ist, diese auch vertreten zu können. Die meisten Teilnehmer übernehmen also Verantwortung für ihre Entscheidungen. Nur sehr wenige Teilnehmer agieren mit einem wirklich geheimen Pseudonym. Auch damit ist es möglich, sich nur über Anträge eine Reputation im System aufzubauen, aber es ist schwieriger. Diese Teilnehmer neigen auch dazu, extreme Positionen zu vertreten, die aber selten die Mehrheiten finden. Zu massivem Delegationsverlust aufgrund des Abstimmungsverhalten ist es nach meiner Beobachtung auch noch nicht gekommen, und bei themenspezifischen Delegation scheint Kompetenz eine grössere Rolle zu spielen, bei globalen Delegation dagegen Vertrauen."

7.5.2 LQFB in der Programmentwicklung

Eine wichtige Voraussetzung für den Einsatz von LQFB als Werkzeug zur Meinungs- und Willensbildung im Landesverband Berlin wurde bereits auf der Landesmitgliederversammlung im Februar 2010 geschaffen. Hier wurden die grundlegenden Prinzipien der Liquid Democracy (s.o.) in die Berliner Parteisatzung mit Zweidrittelmehrheit aufgenommen. Nach einer kurzen Testphase nahm LQFB Anfang 2010 den Regelbetrieb auf. Damit stand nun ein zentrales Tool in der ansonsten eher dezentral organisierten Kommunikationslandschaft des Landesverbandes zur Verfügung, dessen Prinzipien von einer breiten Mehrheit der Mitglieder mitgetragen wurden. Zudem wurde LQFB vom Landesvorstand befürwortet, ohne dass er es zu kontrollieren suchte.

Die Bedeutung, die LQFB als zentrales Tool in der Programmarbeit zugesprochen wurde, zeigt sich auch in den Einträgen, die auf dem *Piratenpad*[138] zum ersten Treffen der *Grundsatzprogrammsquad* zu finden sind:

> „= **Für den Hinterkopf:** ==
> Keine Ausarbeitung hat Anrecht DIE Lösung zu sein, gerne können auch konkurriende Gruppen an einer Ausarbeitung arbeiten. Letztendlich entscheidet das Liquid."[139]

und weiter unten:

> „Liquid Feedback Programmpunkte --> Simon W. sucht die Beschlüsse aus dem LF"

sowie:

> ==**Zeitplan**==
> „Bis August soll die Sachen ins LF gestellt"

In der *Grundsatzprogrammsquad* wurde von Anfang an eine intensive Einbeziehung von LQFB geplant, indem:

- bei der Ausarbeitung der Anträge nicht schon innerhalb der *Grundsatzprogrammsquad* ein mehrheitsfähiger Kompromiss gesucht werden sollte, sondern alternative Anträge willkommen waren. Diese sollten im

---

[138] http://piratenpad.de/grundsatzprogrammberlin
[139] „Liquid" oder auch „LF" sind Abkürzungen, die synonym für die Plattform LiquidFeedback genutzt werden, die in dieser Arbeit mit LQFB abgekürzt wurde.

7.5 LiquidFeedback

Vorfeld der Landesmitgliederversammlung (LMV) durch Abstimmungen auf LQFB auf ihre Akzeptanz in der Partei hin geprüft werden.

- LQFB gezielt auf bereits abgestimmte Initiativen, die von Relevanz für das Grundsatzprogramm sein könnten, untersucht wurde.[140]

- alle in der *Grundsatzprogrammsquad* behandelten Anträge vor der LMV als LQFB-Initiativen öffentlich gemacht wurden.

Die Nutzung von LQFB in der Programmentwicklung eröffnete somit Möglichkeiten zur öffentlichen Teilhabe sowie der Dokumentation. Dies trug dazu bei, dass sich viele bereits Monate vor der LMV 2010.2 mit dem Für und Wider zu den einzelnen Anträgen auseinandergesetzt hatten (Christopher Lauer). Über die Abbildung von Zustimmung und Ablehnung zu den einzelnen Programminitiativen konnte man sich schon im Vorfeld ein Bild davon machen, welche Chancen ein Antrag auf der LMV haben würde.

Grundsätzlich lässt sich festhalten, dass eine Vorab-Veröffentlichung auf LQFB für die Anträge auf der LMV hilfreich war (Pavel Mayer) und dass eine Korrelation zwischen den Abstimmungen auf LQFB und der LMV existiert – „...wenn auch keine hundertprozentige..." (ebd.). So gab es auch Anträge mit großer Mehrheit auf LQFB, die letztendlich auf der LMV abgelehnt wurden. Dies spricht dafür, dass ein Differenzierungsprozess zwischen dem „digitalen" LQFB und der „realen" LMV stattfindet (Martin Delius), der aufzeigt, dass die Piraten mit den LQFB-Ergebnisse kritisch umgehen, indem sie auch positiv abgestimmte Initiativen auf der LMV nochmals einer Prüfung unterziehen. Umgekehrt jedoch erwiesen sich Anträge ohne LQFB-Mehrheit auf der LMV als grundsätzlich chancenlos. Die meisten von ihnen wurden bereits im Vorfeld zurückgezogen.

Einen Indikator für den Umgang mit den Anträgen auf der LMV liefert – Pavel Mayer zufolge – die Zahl der Gegenstimmen, die auf die entsprechenden LQFB-Initiativen entfielen. Je mehr Gegenstimmen sich auf LQFB finden lassen, umso mehr kritische Wortmeldungen wären auf der LMV zu erwarten. Dies bestätigte sich teilweise. So gab es beispielsweise zu dem Antrag „Grundein-

---

[140] Da LQFB zum Zeitpunkt der Gründung des Grundsatzprogrammsquad schon seit einigen Monaten in Berlin online war, gab es dort bereits hunderte von Beschlüssen zu den verschiedensten Themen. Das Squad identifizierte 29 von ihnen als für ein Grundsatzprogramm möglicherweise relevant. Allerdings fanden sich davon letztendlich nur wenige in den Programmanträgen. Siehe unter:
http://wiki.piratenpartei.de/wiki//index.php?title=BE:Grundsatzprogramm/LF-Beschlüsse

kommen und Mindestlohn"[141] lebhafte Diskussionen. Auffällig war aber, dass sich auch LQFB-Initiativen mit eindeutig positiven Voten wie beispielsweise „Trennung von Staat und Kirche"[142] nicht auf der LMV durchsetzen konnten. In diesem Fall erreichte erst ein als Kompromissvorschlag eingebrachter Änderungsantrag die erforderliche Zweidrittelmehrheit.

Insgesamt waren fast alle der 56 auf der LMV eingebrachten Anträge zum Grundsatzprogramm[143] zuvor auf LQFB abgestimmt worden. Dies deutet darauf hin, dass LQFB ein herausstechendes Tool zur Vorbereitung des Grundsatzprogrammes darstellte (Andreas Baum). Es motivierte viele Leute, sich schon früh mit den Inhalten der Programmanträge zu beschäftigen, und dadurch, dass man dies in beliebiger Tiefe[144] tun konnte, trug LQFB zu konstruktiven Diskussionen während in der Vorbereitungsphase der LMV bei, auf die dann aufgebaut werden konnte (ebd.).

7.5.3 LQFB wirkte strukturierend auf die Meinungsbildung

So lässt sich zusammenfassend feststellen, dass LQFB als online verfügbares zentrales Meinungsbildungstool strukturierend auf die Programmarbeit einwirkte, indem es:

- die meisten Programmanträge schon in einer frühen Phase zentral zusammenfasste und so einen Gegenpol zu der übrigen, stark fragmentierten Kommunikationssphäre in der Partei bildete.

- durch seine stark formalisierten Nutzungsvorschriften einen konstruktiven Diskurs beförderte, weil es wenig Raum für emotionale und persönliche Debatten bot.

---

[141] der auf LQFB mit 25 Nein-Stimmen im Verhältnis zu 55 Ja-Stimmen und 28 Enthaltung relativ viele Gegenstimmen hatte. Vgl.: https://lqpp.de/be/initiative/show/882.html?tab=voting
[142] Ja: 92, Enthaltung: 5, Nein: 5
[143] Von den insgesamt 56 in die LMV eingebrachten Anträgen zum Grundsatzprogramm auf der LMV (einschließlich Änderungsanträgen) waren 37 als LQFB-Initiativen von der Grundsatzprogrammsquad im Vorfeld identifiziert worden. Die Suche unter dem Stichwort „Grundsatzprogramm" auf LQFB ergab 53 Treffer.
[144] Indem man sich entscheiden, konnte welche Themen man selbst auf LQFB entscheiden möchte, und welche man delegiert. Dies schützte vor Überforderung und Demotivation, denn: „Wenn man alles lesen will (was man eigentlich müsste), ist es viel Aufwand sich auf dem Parteitag vorzubereiten." (Andreas Baum)

- durch seine öffentlichen, nachvollziehbaren Abstimmungen die Stimmungslage im Landesverband zu den einzelnen Programmanträgen schon im Vorfeld der LMV transparent machte.

Seinen Beitrag zum politischen Diskurs in der Piratenpartei leistet LQFB nicht als Diskussionsmedium. Es lässt sich eher als Rückgrat dieses Prozesses beschreiben. Durch das Einstellen einer Initiative bildet es den Ausgangspunkt der Diskussionen, die sich auf den verschiedenen Kommunikationskanälen der Partei ausdifferenzieren. Gleichzeitig formuliert eine LQFB-Initiative eine Position, der man entweder zustimmen oder die man ablehnen kann. Das heißt, gleichgültig in welche Richtung sich die Diskussionen entwickeln, am Ende müssen sie doch wieder auf eine Haltung zur ursprünglich formulierten Position zurückgeführt werden, da der LQFB-Prozess immer mit einem abgestimmtes Meinungsbild zu einer eingebrachten Initiative abschließt. Damit werden über LQFB Diskussionsprozesse immer wieder „eingefangen", während auf anderen Diskussionsebenen immer wieder beobachtet werden konnte, dass die ursprünglichen Ausgangsfragen im Laufe ausufernder Debatten mehr und mehr in den Hintergrund geraten und stattdessen von unlösbaren Wert- und Normkonflikten bzw. persönlichen Differenzen überlagert werden. Zudem bildet LQFB über die Delegationsfunktion die Möglichkeit, dass sich der Einfluss auf die Meinungsbilder unterschiedlich stark auf die Nutzer verteilt. Damit entstehen Zuständigkeiten, Verantwortlichkeiten und Vertrauensverhältnisse, beziehungsweise diese werden, sofern sie bereits bestehen, dort abgebildet. Im Umkehrschluss bedeutet dies aber auch, dass ein Nutzer, wenn er auf LQFB etwas erreichen will, gut in der Partei vernetzt sein muss. Am besten ist es, wenn er über viele Delegationen verfügt oder jemanden kennt, der über viele Delegationen verfügt (Martin Delius).

7.6 Mitgliederversammlung

Den Beobachtungen im Rahmen der Arbeit am Grundsatzprogramm fehlt noch ein entscheidender Aspekt. Erst wenn die Landesmitgliederversammlung ein Grundsatzprogramm verabschiedet, das in seiner Ausgestaltung die Ergebnisse der vorab beobachteten Diskurse einigermaßen widerspiegelt, kann der Autor für sich in Anspruch nehmen, Zeuge eines Meinungsbildungsprozesses geworden zu sein, bei dem die „weichen" Diskussionen im Wahrnehmungsbereich des Autors auch tatsächlich in die „harten" Fakten eines in ein Grundsatzprogramm eingeschriebenen politischen Willens überführt wurden. Wäre dies nicht der Fall, hätte er lediglich ein Oszillieren von Meinungen und Gegenmeinungen in der parteiinternen Öffentlichkeit verfolgt, das aber letztendlich für die politische Meinungsbildung ohne Auswirkungen geblieben wäre.

7.6.1 Rechtliche und rituelle Rahmung

Laut Parteiengesetz sind Mitgliederversammlungen das oberste Organ einer Partei.[145] In ihren Beschlüssen soll der politische Wille der Partei festgehalten werden und seinen Ausdruck finden. Bei der Verabschiedung ihrer Programme ist den Parteien die Willensbildung durch Mehrheitsbeschluss[146] gesetzlich vorgeschrieben – ebenso wie die Richtlinien zum Abstimmungsprozedere.

Über ihre gesetzlich festgelegten Funktionen hinaus lassen sich Mitgliederversammlungen auch als ein nach innen wie nach außen wirkendes Ritual zur Bekundung politischen Willens sehen. Dieses ist geprägt von Routinen, die in der Wahl der Sitzordnungen und im Umgang der Versammelten miteinander zum Ausdruck kommen, sowie in fest verankerten Verfahrensabläufen, die sich aus der Tagesordnung, Satzungsbestimmung oder Geschäftsordnungsanträgen ableiten (vgl. Wiesendahl 1998)[147]. Die Einhaltung des Prozederes, welche ein wichtiger Indikator für die Legitimität der auf der Versammlung gefassten Beschlüsse ist, wird von der Versammlungsleitung geregelt, die am Anfang gewählt wird.

7.6.2 „An Bord"

Die für den 23./ 24. Oktober 2010 anberaumte Landesmitgliederversammlung 2010.2 sollte durch die Verabschiedung des Berliner Grundsatzprogramms den abschließenden Akt der Meinungs- und Willensbildung in der Partei bilden. Damit stellte die LMV einen Höhepunkt dar, auf den man sich zeitlich und räumlich abgestimmt und hingearbeitet hatte (Pavel Mayer). Hier galt es nun, die im Fluss befindlichen Diskussionen auf den Punkt zu bringen und als Grundsatzprogramm zu beschließen. Erst mit diesem letzten Akt der Bekundung politischen Willens konnten aus den Ergebnissen der innerparteilichen Diskurse

---

[145] § 9 Abs.1 PartG.
[146] §15 PartG
[147] Wiesendahl (1998) kritisiert zwar die „Erstarrung zum Ritualismus" bei solchen Zusammenkünften etablierter Parteien, gibt aber zu Bedenken: „Gleichzeitig bilden nämlich Verfahrensregularien und Routinen immer einen wichtigen Teil der sinngebenden organisationskulturellen Symbolwelt von Parteien. Insofern wird mit dem Verfahrensritualismus den Anwesenden, aber auch Beobachtern, oder der externen Öffentlichkeit insgesamt, der symbolische Verweisungszusammenhang praktizierter innerparteilicher Demokratie sinnfällig repräsentiert." (139)

7.6 Mitgliederversammlung

grundsätzliche und verbindliche Positionen der Partei zu Fragen in Politik und Gesellschaft gewonnen werden.

Beim Besuch der LMV 2010.2[148] fiel als erstes auf, dass sich die Zahl ihrer Teilnehmer im Vergleich zur LMV 2010.1 deutlich verringert hatte. Einige hatten dies bereits erwartet, denn erfahrungsgemäß rufen Programmentscheidungen generell weniger Interesse hervor als Personalentscheidungen, wie sie bei der LMV 2010.1 anstanden. Unverkennbar hatte aber ebenfalls der „Hype" des Jahres 2009 nachgelassen, was sich auch an dem deutlich verringerten Medieninteresse ablesen ließ. Einige Akteure, die dem Autor auf der vorhergehenden Versammlung aufgefallen waren, erschienen diesmal nicht.

> „Die Personen bei denen auffiel, dass sie bei der letzten Landesmitgliederversammlung nicht da waren, reichen von absoluten Querulanten über Alt-Piraten, die schon da waren, als ich in die Partei eingetreten bin, bis zu Leuten, die zur gleichen Zeit eingetreten sind wie ich, die mit ihrem aktionistischen Ansatz im Wahlkampf ihren Platz gehabt haben." (Martin Delius)

Bei aller Verschiedenheit, welche die Teilnehmer immer noch aufwiesen, machte die Versammlung 2010.2 insgesamt einen geschlosseneren Eindruck als das bei der LMV 2010.1 der Fall war. In einer Sitzungspause im Gang schnappte der Autor ein Gespräch darüber auf, ob und wie sich die Piraten als die „Administratoren der Demokratie" verstünden. Die Analogie eines Programmparteitages zu einem IT-Projekt mag ihre Grenzen haben, aber tatsächlich erinnerte die konstruktive Atmosphäre eher an einen großen Workshop als an eine kontroverse Grundsatzdebatte. Den Beteiligten war anzumerken, dass konzentriert und konsensorientiert an dem „Projekt Grundsatzprogramm" gearbeitet wurde.

Die Mitgliederversammlung war aber keine nur auf der „Kommunikation unter Anwesenden" basierende Veranstaltung. Wie bei Parteitagen der Piratenpartei seit längerem üblich, wurde die Versammlung per Livestream im Internet übertragen und von sowohl räumlich Anwesenden als auch Abwesenden parallel auf Twitter kommentiert. Damit bot das Internet einen zusätzlichen Kommunikationskanal, „...mit dessen Hilfe es möglich war, alle im Raum gleichzeitig anzusprechen ohne nach vorne ans Mikrofon gehen zu müssen." (Lena Rohrbach)[149]. So folgten die Teilnehmer der Versammlung, während sie gleichzeitig die Monitore ihrer Laptops oder Smartphones beobachteten, auf denen sie Anträge mit-

---

[148] Protokoll der LMV 2010.2: http://wiki.piratenpartei.de/BE:Parteitag/2010.2/Protokoll
[149] „Habe zum Beispiel K. über Twitter Mut gemacht und mich bei ihr für Ihren guten Job bedankt. Ein paar Leute haben das retweeted. So bekam K. Support über Twitter." (Lena Rohrbach). K. war dem Autor bei der programmatischen Arbeit schon länger als außerordentlich aktiv und produktiv aufgefallen, weswegen die (berechtigte) Kritik an einem von ihr verfassten Antrag in der Versammlung nicht nur beim Autor ein gewisses Unbehagen hervorrief.

lasen, sich Ergebnisse der LQFB-Abstimmungen anschauten, Informationen zu den Anträgen recherchierten[150] oder via Twitter mit anderen Personen kommunizierten. Die Verknüpfung der *RealLife*-Kommunikation mit der Netzkommunikation ging so weit, dass sich manche von wichtigen Teilen des Diskurses abgeschnitten fühlten, als das Internet zwischenzeitlich ausfiel (Lena Rohrbach).

Während die beiden vorherigen Bundesparteitage als „ziemlich unproduktiv und von einer aggressiven Grundstimmung geprägt" empfunden wurden (Lena Rohrbach), bewerteten die Gesprächspartner in den Interviews die LMV 2010.2 übereinstimmend als sehr angenehm und ergiebig. So lobte Pavel Mayer die herausragende Diskussionskultur und Fairness im Umgang miteinander. Allgemein nach dem Parteitag eine beinahe euphorische Stimmung im Landesverband spürbar, und es herrschte breiter Konsens darüber, dass man einen großen Schritt auf dem Weg von einer Internetpartei zu einer Vollprogrammpartei vorangekommen war (Martin Haase). Lediglich zwei der Interviewpartner kritisierten die geringe Teilnehmerzahl. So bemerkte Christopher Lauer am zweiten Versammlungstag, dass mit den 85 akkreditierten Teilnehmern weniger Aktive auf der Versammlung waren, als bei den kommenden Wahlen Kandidaten für die Berliner Landesliste und die Bezirkslisten gebraucht werden[151].

7.6.3 Ergebnis

Im Ergebnis der Grundsatzprogrammerweiterung ergibt sich für die Berliner Piraten eine deutliche Positionierung ihres Freiheitsbegriffs im Rahmen eines linksorientierten politischen Spektrums. Damit wird einer politischen Grundstimmung Ausdruck verliehen, die der Autor bei seinen vielen Gesprächen mit Berliner Piraten häufig wahrgenommen hatte, die aber bisher nicht programmatisch artikuliert worden war, und von der die Beteiligten im Vorfeld nicht sicher ausgehen konnten, dass sie eine breite Mehrheit in der Partei finden würde.

Damit übt das Grundsatzprogramm des Berliner Landesverband ein wichtige Signalwirkung auf die „Kernie/ Vollie"-Debatte aus, die in der Piratenpartei seit ihrem Achtungserfolg bei der Bundestagswahl 2009 auf Bundesebene breiten Raum einnimmt. In dieser Debatte stehen mit den Vertretern eines Kernprogrammes und denjenigen, welche die Partei in Richtung eines Vollprogrammes weiterentwickeln wollen, zwei Ansätze im Widerstreit, die für die programmatische Entwicklung der Partei wegweisend sein können. Die „Kernies" wollen die

---

[150] wie zum Beispiel Gesetzestexte
[151] vgl.: http://wiki.piratenpartei.de/BE:Parteitag/2010.2/Protokoll

7.6 Mitgliederversammlung

Konzentration auf Themen rund um das Internet beibehalten[152], während die „Vollies" eine thematische Erweiterung des Programmes in Richtung eines umfassenden Spektrums politischer Fragen fordern.

Das auf der Berliner LMV 2010.2 verabschiedete Grundsatzprogramm geht eindeutig in Richtung eines Vollprogrammes. In ihren Programmpunkten zu „Recht auf sichere Existenz und gesellschaftliche Teilhabe"[153], „Bildungs- und Wissenschaftspolitik", „Trennung von Staat und Religion" sowie „Integrations- und Migrationspolitik" bewegte sich der Landesverband nicht nur weg von dem Image der „Internetpartei", sondern auch mit großer Mehrheit[154] hin zu einer Positionierung als sozialliberal ausgerichtete politische Kraft. Dies zeigte einen Monat später auf dem Bundesparteitag in Chemnitz Wirkung. Hier konnte sich ebenfalls der Antrag zum Recht auf sichere Existenz und gesellschaftliche Teilhabe gegen allerdings erhebliche Widerstände durchsetzen, was im Echo der Medienberichterstattung durch Meldungen wie: „Soziale Freibeuter"[155], „Piratenpartei spielt SPD"[156] oder „Piraten auf Backbordkurs"[157] kommentiert wurde.

---

[152] Dies drückt sich auch in dem häufig zitierten Ausspruch „wir sind nicht rechts oder links sondern vorne" aus. (der übrigens aus der Anfangsphase der GRÜNEN „geklaut" ist)
[153] der von vielen als programmatischer Einstieg in das „bedingungslose Grundeinkommen" gesehen wird
[154] Die Annahme von Programmpunkten zum Grundsatzprogramm erforderte eine Zweidrittelmehrheit.
[155] Süddeutsche Zeitung: http://www.sueddeutsche.de/politik/piraten-parteitag-in-chemnitz-kernis-vollis-und-der-traum-von-fuenf-prozent-1.1026404
[156] Spiegel-Online: http://www.spiegel.de/politik/deutschland/0,1518,730336,00.html
[157] http://www.heise.de/newsticker/meldung/Piraten-auf-Backbord-Kurs-1139581.html

8 Partizipation

In Sachen Partizipation schreibt Elmar Wiesendahl (2006) grundsätzlich allen demokratischen Parteien eine offene Chancenstruktur zu. Die empirische Wirklichkeit der Mitgliederpartizipation in den etablierten Parteien lässt ihn aber zugleich eine Reihe von Faktoren erkennen, die diese zugleich wesentlich einschränken. So stellt sich bei der Untersuchung der Meinungs- und Willensbildung in der Piratenpartei ebenfalls die Frage, ob die Partizipationschancen aufgrund der bereitgestellten Zugänge in der Partei auch zu signifikant erhöhten Teilnehmerzahlen in der politischen Arbeit führen.

8.1 Aktivenzahlen

Wie viele Personen insgesamt an der Programmentwicklung im Landesverband Berlin (LVB) beteiligt waren, lässt sich nicht exakt ermitteln. Dennoch können einige gesicherte quantitative Daten der Analyse der Mitgliederpartizipation zugrunde gelegt werden. Dies sind zunächst jene 35 Personen, die auf der Landesmitgliederversammlung (LMV) 2010.2 als Antragsteller zum Grundsatzprogramm in Erscheinung traten. Über die Teilnehmerzahl der LMV 2010.2 lassen sich zwar keine offiziellen Angaben finden. Der Autor schätzte sie am ersten Tag auf 100, nach einer unbestätigte Quelle waren am zweiten Tag 85 Teilnehmer akkreditiert.

Von besonderem Interesse bei der Analyse der Mitgliederpartizipation ist die Teilnahme an der Programmarbeit im Vorfeld der LMV 2010.2.[158] Wie in *Kapitel 7* dargelegt, fand diese im Rahmen einer stark fragmentierten Organisationskommunikation statt, die deshalb nur sehr eingeschränkt beobachtet werden konnte. Einen ersten Anhaltspunkt zu der Partizipation im Vorfeld liefern die Gesprächspartner in den Interviews. Ihre Angaben schwanken dabei zwischen 100 und 150 Teilnehmern[159]. Derartige Schätzungen müssen zwar mit einiger Vorsicht behandelt werden, allerdings lassen sich die Eindrücke der Inter-

---

[158] Nicht zuletzt, weil viele Entscheidungen bereits durch die Auswahl der zur Entscheidung stehenden Alternativen entschieden werden (vgl. Luhmann 2011).
[159] Martin Haase und Pavel Mayer gehen von 100 Aktiven zuzüglich einiger lokal engagierter Mitglieder aus.

8.1 Aktivenzahlen

viewpartner mit Daten abgleichen, die sich aus der Nutzung der digitalen Medien in der Piratenpartei ergeben. Dafür stellt beispielsweise *LiquidFeedback* – als zentral installiertes Werkzeug zur Abbildung von Meinungs- und Willensbildungsprozessen in der Partei – eine Reihe aufschlussreicher Statistiken zur Verfügung. In Form eines Downloads am 26.12.2010 gewonnene (anonymisierte) Datensätze, die zur Kontrolle des Systems von jedem angemeldeten Nutzer abgerufen werden können, ergaben dabei folgenden Graphen[160].

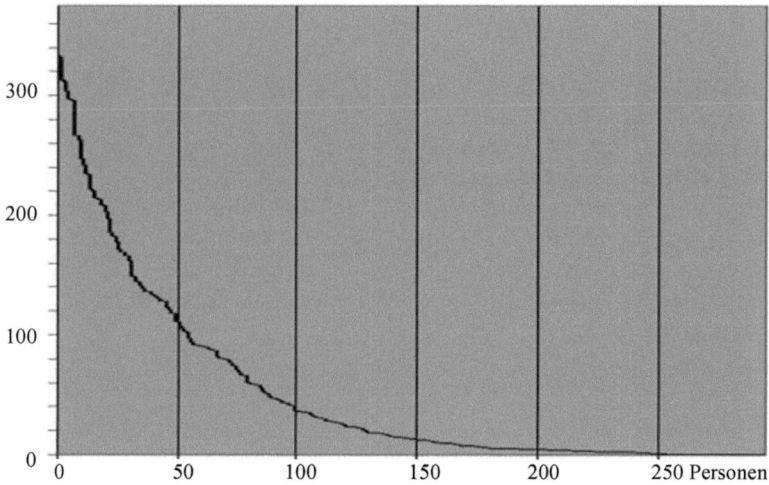

Abbildung 5: Zahl der Abstimmungen pro Person auf LQFB

Die Plattform verzeichnet 601 Accounts, von denen aber zahlreiche deaktiviert sind. Eine eigenhändig vorgenommene Zählung ergab 353 aktive Profile[161]. Für die Untersuchung der Nutzungspraxis interessant ist die Häufigkeitsverteilung

---

[160] Allerdings muss hier angemerkt werden, dass sich jene Daten auf die Nutzung von LQFB-Berlin in seiner Gesamtheit (und nicht nur im Zusammenhang mit der Programmentwicklung) beziehen. Der Rückblick auf die Feldbeobachtung lässt aber die Vermutung zu, dass die Aktivitätsverteilung auf die einzelnen Nutzer im allgemeinen auch auf das spezielle Feld der Programmentwicklung übertragbar ist und insbesondere die Gruppe der Heavy-User dort eine stabile Rolle einnehmen.

[161] (Stand 31.12.2010) Die Diskrepanzen ergeben sich aus der Einführung neuer Nutzungsbedingungen im Juni 2010. Infolge nicht erfolgter Zustimmung wurden viele Accounts deaktiviert. Einige Nutzer legten sich dann neue Accounts unter einem anderen Namen zu. Auffällig, aber nachvollziehbar ist hier, dass besonders die nicht oder nur wenig aktiven Accounts von der Deaktivierung betroffen waren.

der Abstimmungsteilnahme auf die einzelnen Nutzer, die der obenstehende Graph abbildet (Abb. 5)[162].

Seit Bestehen des Systems haben 295 Personen mindestens einmal auf LQFB abgestimmt. Die Gruppe der aktiven Nutzer lässt sich (wenn man mehr als 10 getätigte Abstimmungen als Maßstab zugrunde legt) mit ungefähr 175 Personen beziffern, wovon man ungefähr 50 als „Heavy-User" mit über 100 getätigten Abstimmungen bezeichnen kann. Betrachtet man die Aktivitäten im Rahmen der Programmentwicklung auf LQFB, reduziert sich die Zahl der Partizipierenden ein wenig. So haben beispielsweise 68 Personen die in Kapitel 7 erwähnte LQFB-Initiative „Mindestlohn und Grundeinkommen"[163] direkt abgestimmt – zuzüglich 40 Delegationsgeber. Vergleichbare Programminitiativen zeichnen ein ähnliches Bild über die Teilnahme an den Abstimmungen. Es sind also bei Programminitiativen im Schnitt um die einhundert Stimmen abgegeben worden. Wobei auch hier die Gruppe der „Heavy-User" erkennbar ist, die an fast allen Abstimmungen zu Programminitiativen teilgenommen hat und die ungefähr die Hälfte der Abstimmenden ausmacht. Wenn man berücksichtigt, dass sich auch die Delegationsstimmen meist auf Personen dieser Gruppe verteilen, lassen sich hier also bereits Tendenzen zur Formierung eines Entscheidungszentrums in der Programmarbeit erkennen.

8.1.1 Die Aktiven-Gruppe

Der Vergleich der Daten, die sich aus der Nutzung von LQFB ergeben, mit den im Feld gemachten Beobachtungen legt nahe, dass es eine große Übereinstimmung zwischen den auf LQFB aktiven Nutzern und den auf den übrigen Feldern der Programmentwicklung in Erscheinung tretenden Piraten gibt[164]. Dies erlaubt es, die Einschätzung der Interviewpartner zu bestätigen, dass eine Gruppe von 100 bis 150 Personen aktiv an der Programmarbeit beteiligt gewesen ist. Dabei lässt sich das Maß der Teilnahme mit einem ähnlichen Graphen beschreiben wie in Abb. 5. Der nach links oben verlaufende Graph zeigt aber auch, dass die Grenzen der Aktiven-Gruppe im Feld nur recht ungenau zu bestimmen sind.

Diese in ihren Grenzen schwierig zu bestimmende, aber in ihrem Zentrum deutlich definierbare Aktiven-Gruppe hat auch weitgehend die Teilnehmer der

---

[162] Quelle: http://wiki.piratenpartei.de/Benutzer:SD/LQFB-Statistiken_Berlin
[163] https://lqpp.de/be/initiative/show/882.html?tab=voting
[164] Dies ist für den Autor als Parteimitglied deswegen nachvollziehbar, weil die große Mehrheit der auf LQFB zum Programm Abstimmenden unter ihrem Klarnamen oder einem allgemein bekannten Pseudonym angemeldet sind und dies für ihn als angemeldeten Nutzer einsehbar ist.

LMV 2010.2 gestellt[165]. Die Beobachtungen zeigen, dass dort kaum Personen in Erscheinung getreten sind, die nicht vom Autor schon im Vorfeld der Programmentwicklung wahrgenommen wurden. Zudem hat der im Rahmen der Programmarbeit beobachtete Konsens über die generelle Ausrichtung des Grundsatzprogramms auf der LMV seine Entsprechung gefunden. Zwar hat es auch heftigere Diskussionen um einzelne Programmanträge gegeben. Diese haben aber auf einem konstruktiven Niveau stattgefunden (Christopher Lauer), bei dem es eher um Detail- oder Formulierungsfragen ging als um die generelle Ausrichtung der Anträge. Viele der konkurrierenden Anträge sind sich ohnehin inhaltlich sehr nahe gewesen. Kurzum: Die Versammlung hat auf den Autor bei all der Heterogenität ihrer Teilnehmer einen bemerkenswert geschlossenen Eindruck gemacht. Dies wird von den Beteiligten im Nachhinein auch sehr positiv bewertet.

8.2 Fazit zu den Partizipationszahlen

Im Verhältnis zu den 654 stimmberechtigten Mitgliedern[166] im Landesverband entspricht eine Aktiven-Gruppe von 100 bis 150 Personen einem Anteil von 15 bis 23 Prozent. Damit lassen sich die Teilnehmerzahlen zwar als leicht überdurchschnittlich ansehen (vgl. Wiesendahl 2006: 36), die Vermutung aber, dass die Piratenpartei aufgrund ihrer offenen digitalen Kommunikationssphäre eine weit tiefer greifende Partizipation ihrer Mitglieder erreicht, als dies bei vergleichbaren Offline-Organisationen zu beobachten ist, lässt sich hiermit nicht bestätigen.

8.2.1 Barrieren

LQFB bietet die Möglichkeit, sich von zu Hause aus per Internet über den Stand der Programmarbeit zu informieren und zu partizipieren. Dies erscheint als ein niedrigschwelliges Angebot zur Teilnahme an der Programmarbeit für diejenigen, die sich nicht mehrmals pro Woche an verschiedenen Orten der Stadt im *RealLife* treffen können. LQFB steht allen Piraten zur Verfügung, und zu seinem Start hatte eine überwältigende Mehrheit im LVB einen Account angelegt. Dennoch zeigt die Beobachtung, dass dieses Werkzeug bei der Programmarbeit mehrheitlich von dem Personenkreis aktiv genutzt wird, der ohnehin auf der

---

[165] „Grundsätzlich unterstelle ich mal, dass auf unsere Versammlungen Leute gehen, die auch im LiquidFeedback aktiv sind." (Christopher Lauer)
[166] http://wiki.piratenpartei.de/BE:Mitglieder

realweltlichen Ebene in der Piratenpartei präsent ist. Folgende zwei Barrieren scheinen dabei eine wichtige Rolle zu spielen.

Inhaltliche Barriere

Dass es ohne eine realweltlichen Verankerung in der Piratenpartei schwierig ist, ihren Diskursen in der digitalen Welt zu folgen, zeigen die bei der Beobachtung gemachten Erfahrungen des Autors. Wann immer ein neues Thema auf der Agenda der digitalen parteiinternen Öffentlichkeit aufgetreten ist, sind es oft erst die *RealLife*-Kontakte des Autors gewesen, die ihn in die Lage versetzt haben, dieses einzuordnen und die daraus resultierenden Konflikte nachzuvollziehen.

Technische Barriere

Zu den technischen Barrieren von LQFB gibt es mittlerweile einige Einsichten, die eine von Sebastian Jabbusch (2011) bundesweit durchgeführte Befragung der Parteimitglieder zu Tage gebracht hat. Als häufigste Gründe zur Wenig-Nutzung von LQFB wurden dort „zu wenig Zeit" und die Bedienung der Software sei „zu kompliziert" genannt. Diese Hindernisse legen auch Gründe in einer schwachen Verankerung der Wenig-Nutzer in den *RealLife*-Strukturen der Partei nahe. Die Bedienoberfläche von LQFB erschien anfangs auch dem Autor wenig einladend. Seine ersten Versuche, sich dort zurecht zu finden, waren einigermaßen frustrierend und zeitraubend. Aber zum einem gab es Workshops im Rahmen der Partei, bei denen die LQFB-Entwickler die Nutzung der Plattform ausgiebig erklärten. Zum anderen ließen sich offengebliebene Fragen zu ihrer Handhabung auch immer wieder bei den *RealLife*-Treffen klären.

8.2.2 Der lange Arm des RealLife

Indem der Autor die zur Nutzung von LQFB benötigten inhaltlichen und technischen Informationen durch Kontakte in der realen Welt der Piratenpartei erhielt, schließt sich der Kreis zwischen Online-Kommunikation und *RealLife*. Es wird klar, dass der Einsatz digitaler Kommunikationskanäle nicht ohne Weiteres die räumlichen und zeitlichen Beschränkungen der realweltlichen Piratenkommunikation aufheben kann. So scheint „der lange Arm des RealLife" (Schönberger 2005) auch in die Online-Welt der Piratenpartei hineinzuragen, woraus folgt, dass die Teilnahme am Programmentwicklungsprozess von vergleichbaren Determinanten beschränkt ist, wie sie auch in der realen Welt beobachtet werden können. Dabei handelt es sich nicht nur um das naheliegende Problem, sich zeitlich und räumlich zu koordinieren. Vielmehr belegen zahlreiche Studien zu diskursiven Verfahren im *RealLife* häufig starke Verzerrungen in der Verteilung der Diskursbeiträge auf die einzelnen Teilnehmer (vgl. Albrecht 2010: 20).[167] Zudem lässt sich beobachten, dass viele Menschen die Teilnahme an öffentlichen Diskussionsprozessen meiden (Eliasoph 1998). Wenn also die überwiegende Mehrheit der LQFB-Nutzer von einem Personenkreis gestellt wird, der ohnehin in den *RealLife*-Strukturen vor Ort anzutreffen ist, macht dies die Stabilität etablierter sozialer Strukturen gegenüber den neuen Möglichkeiten des Internets deutlich. So zeigt die Untersuchung der Programmentwicklung im LVB, dass die digitale Kommunikation die Ausdehnung von sozialen Gruppen bei weitem nicht in dem Maße erleichtert, wie es ihre Reichweite verspricht. Das heißt, eher bilden sich soziale Strukturen im Netz ab, als dass sie das Produkt von Netz-Kommunikation sind.

Da die digitale Kommunikationssphäre die Prozesse rund um die Meinungs- und Willensbildung im LVB beobachtbar machte und (zumindest theoretische) Möglichkeiten zum Eingreifen bereitstellte, lässt sich dennoch von erweiterten Partizipationschancen für ansonsten passive Mitglieder ausgehen. Auch wenn in dieser Untersuchung offen bleiben muss, wie weit diese von der Möglichkeit der Beobachtung Gebrauch gemacht haben, so lässt sich annehmen, dass ein gewisser Anteil von ihnen über die Programmarbeit informiert war und sie in einem stillschweigenden Einverständnis begleitete.[168]

Der stabilisierende Effekt, den die Nutzung von LQFB auf die Aktiven-Gruppe in der Partei ausübte, war die auffälligste Wirkung onlinebasierter Kommunikation, die bei der Untersuchung der Programmarbeit beobachtet werden konnte. Dies unterstreicht die Bedeutung von LQFB als Werkzeug zur Selbstorganisation in der Piratenpartei.

8.3 Partizipation in der Aktiven-Gruppe

Die Partizipationschancen bei den Berliner Piraten stehen in einem engen Zusammenhang mit den Organisationsstrukturen des Landesverbandes. So vollzog sich die Arbeit am Grundsatzprogramm überwiegend in selbstorganisierten,

---

[167] Dies wurde beispielsweise bei der Erforschung von Unterrichtssituationen, Juryversammlungen oder Mediationsverfahren häufig beobachtet.

[168] Die Mitgliedszahl des LVB zeigt jedenfalls keine signifikanten Veränderungen, die mit der Entwicklung und der Verabschiedung des Grundsatzprogramms einhergehen. vgl. http://wiki.piratenpartei.de/BE:Mitglieder

unabhängigen Gruppen ohne administrative Lenkung. Die Zurückhaltung des Vorstandes bei der Programmentwicklung beruht auf einem im Landesverband fest verankerten basisdemokratischen Politikverständnis. Der Vorstand wird eher als Dienstleister – oder besser Administrator – beim Vollzug des politischen Willens der Basis betrachtet und nicht als Organ zur politischen Führung. Letzteres könnte er auch kaum leisten, da ihm weder ein Apparat noch ein von ihm kontrollierter zentraler Kommunikationskanal zur Verfügung steht. Genauso wie die Mitglieder des Vorstands ehrenamtlich arbeiten, gibt es auch keine bezahlten Mitarbeiter im Landesverband, d. h. alle anfallenden Aufgaben werden von ehrenamtlichen Helfern übernommen.

In der Folge betrieb der Vorstand während der Entwicklung des Grundsatzprogrammes eine äußerst zurückhaltende Kommunikation, bei der er sich im Wesentlichen der Planung der LMV 2010.2. widmete und den Arbeitsgruppengruppen keinerlei organisatorische Hindernisse in den Weg stellte. So konnte bei der Programmarbeit eine politische Praxis identifiziert werden, die sich fundamental von den in den übrigen Parteien üblichen Praktiken unterscheidet. Jene richten zur Programmarbeit in der Regel exklusive Kommissionen und Fachausschüsse ein. Bevor deren Entwürfe als Anträge dem Parteitag zur Abstimmung zugehen, werden sie von den Parteivorständen geprüft und geglättet. Auch hier werden zwar die Anträge im Vorfeld von der Partei diskutiert, und es gehen auch Änderungsanträge aus den unteren Parteigliederungen in den Parteitag ein (vgl. Wiesendahl 2006). Aber:

> „Eine aus Spitzenleuten besetzte Antragskommission führt (aber) die Einzelpetitionen zusammen und übergibt sie dem Parteitag zur Abstimmung. Nur äußerst selten versagt die Regie, und es kommt zu Kampfabstimmungen. Der Gipfel demoautoritärer Entscheidungsbildung wird bei Wahlprogrammen erreicht. Sie werden von einer Hand voll von Parteioberen erstellt und auf Wahlparteitagen mit rotchinesisch anmutenden Zustimmungsquoten gebilligt." (ebd.: 37)

Bei der Programmarbeit im LVB der Piratenpartei gab es hingegen weder exklusive Programmkommissionen noch Fachausschüsse oder sonstige Gremien mit beschränkten Zugängen. Genauso wenig ließ sich eine Einflussnahme des Vorstandes beobachten. Stattdessen wurde die Programmarbeit von einer Aktiven-Gruppe geleistet, die prinzipiell jedem zugänglich war. Ihre Mitglieder partizipierten im Rahmen verschiedener selbstorganisierter Strukturen, wobei sie mitunter zeitlich und räumlich getrennt agierten. Diese fragmentierten Kommunikationssphären koppelten sich aber über LQFB zurück in die digitale Welt, wo die Ergebnisse der verschiedenen Arbeitsgruppen überprüft wurden, um dann mit der Behandlung auf der LMV 2012.2 und der Verabschiedung des Grundsatzprogrammes abgeschlossen zu werden.

Der Modus, in dem sich die Programmentwicklung im LVB vollzog, ist exemplarisch für den Modus der Selbstorganisation der Piratenpartei insgesamt. Er ist geprägt von einer Kombination digitaler und realweltlicher Kommunikation, die es den Piraten erlaubt, ihre internen Prozesse auf der Basis von freiwilligem Einsatz selbstorganisiert zu steuern. Damit vollzieht sich die politische Praxis der Piratenpartei in Abwesenheit eines administrativen Apparates, eines Delegiertensystems und einer Gremienstruktur mit exklusiven Zugängen. Sie ist gekennzeichnet von der weitgehenden Abwesenheit organisationaler Hierarchien[169] und bietet deshalb weitreichende Zugänge und damit Partizipationschancen an.

Mit der Nutzung der digitalen Medien lässt sich in diesem Modus der Selbstorganisation eine Kommunikationssphäre identifizieren, die einen außerordentlichen Einfluss auf die Strukturierung der Partei hat. Es konnte gezeigt werden, wie sich die politische Praxis der Programmarbeit aus dem Netz heraus anleitete und wie die auf verschiedene Kleingruppen im *RealLife* verteilten Arbeitsprozesse über ihre Spiegelung im Netz beobachtbar waren und zurückgekoppelt wurden. Damit konnten bei den Berliner Piraten Zugänge zu ihren politischen Diskursen identifiziert werden, deren partizipatorische Qualität vor allen Dingen in der Fähigkeit der Partei begründet liegt, sich durch Vernetzung von selbstorganisierten Gruppen bottom/ up zu strukturieren. Dies grenzt die beobachtete politische Praxis in der Piratenpartei scharf von der in den etablierten Parteien üblichen Praxis ab, deren organisationale Grenzen eng umrissen sind und die somit wesentlich geringere Partizipationschancen für ihre einfachen Parteimitglieder anbieten können. Allerdings bedeutet die Abwesenheit von Organisationsgrenzen in der Piratenpartei für die Akteure nicht per se einen freien Zugang zur politischen Praxis. Vielmehr finden sich die Grenzziehungen in den sozialen Gruppen vor Ort. Diese sozialen Grenzen sind Teil der menschlichen Natur und prägen sich abhängig von der Integrationsbereitschaft der verschieden sozialen Gruppen unterschiedlich stark aus. Die Erfahrungen des Autors im Feld waren durchweg gekennzeichnet von der hohen Aufnahmebereitschaft der Gruppen, auf die er traf. Dies lässt sich allerdings nicht verallgemeinern, da er in einer Phase des „Hypes" mit den Piraten in Kontakt trat, in der sich die meisten erst kurz kannten. In solchen frühen Phasen der Gruppenbildung ist eine höhere Integrationsbereitschaft anzunehmen als in späteren Phasen, wenn sich die Strukturen bereits verfestigt haben.

---

[169] Womit allerdings nichts darüber ausgesagt ist, ob und wie sich bei ihr informelle Hierarchien ausprägen.

9 Fazit

9.1 Postbürokratische Organisation?

Der Blick auf die Partizipation an der Programmarbeit im Berliner Landesverband (LVB) eröffnet einen engen Zusammenhang zwischen den Beteiligungschancen und den Organisationsstrukturen in der Partei. Mit ihren flachen Hierarchien und der großen Transparenz ihrer politischen Praxis weisen die Piraten zwei wichtige Merkmale postbürokratischer Organisationen auf (vgl. Kap. 3). Im Untersuchungsfeld zeigen die Akteure eine große Offenheit gegenüber neuen Wegen in der politischen Arbeit, verschiedenen Formen der Selbstorganisation und nicht zuletzt eine aufgeschlossene Herangehensweise an neue Technologien sowie eine experimentierfreudige Haltung gegenüber ihren Möglichkeiten. Die ausgesprochen proaktive Einstellung ihrer Mitglieder gegenüber den Herausforderungen der digitalen Technologie beschert der Partei niedrige Transaktionskosten. Damit kann sie flexibler agieren als andere Parteien. Dass es dabei zu redundanten und unproduktiven Prozessen kommen kam, bestätigt nur ihre Fehlertoleranz und damit ihre Lernfähigkeit.

9.1.1 LiquidFeedback

Ein gutes Beispiel für die Lernfähigkeit der Piraten im Umgang mit netzbasierter Kommunikationstechnologie ist die Einführung von *LiquidFeedback* (LQFB) in Berlin. Mit LQFB hatte ein Team von parteinahen Entwicklern die theoretischen Vorgaben der bereits seit Jahren diskutierten Ideen von Liquid Democracy[170] in nur wenigen Monaten in einer Online-Plattform verwirklicht. Bei der Konzeption berücksichtigten sie die schlechten Erfahrungen, die mit den Dysfunktionalitäten online-gestützter Diskurse gemacht wurden. Die Einführung der Plattform wurde im LVB mit großer Neugier und Zustimmung aufgenommen.

Die proaktive Haltung zu LQFB kann als exemplarisch für das praktische Wissen der Piraten über die strukturellen Dimensionen, welche die soziale Praxis im Netz rahmen, gesehen werden. Mit LQFB steht ein Online-Tool zur Verfü-

---

[170] vgl. http://de.wikipedia.org/wiki/Delegated_Voting

gung, dem ein ausgeprägter „technological spirit"[171] eingeschrieben ist. Er beinhaltet die Idee, ein Kommunikationsproblem durch einen *Code* zu beheben. Zudem bildet LQFB – mit seiner Delegationsfunktion – die in Schmidts Modell (2009) als *Relationen* aufgeführten Ressourcen ab. Indem die Delegationsfunktion die Beziehungen zwischen den Nutzern beobachtbar macht und als Ressource (Delegationsmacht) zur Verfügung stellt, repräsentiert sie die einzigartigen politische Potenziale, die im Social-Web entstehen. Die Delegationsfunktion von LQFB verstärkt diese Potenziale soweit, dass sie zur Strukturierung von politischen Entscheidungen gezielt eingesetzt werden können. Damit haben die Entwickler die politische Dimension des Netzes und die Funktion der *Relationen* als Ressource in der alltäglichen Praxis der Piratenpartei deutlich gemacht. Gleichzeitig modifiziert die Nutzung von LQFB den generellen *Code* der politischen Praxis im Berliner Landesverband, was bedeutet, dass nicht das Einschreiben von Anweisungen in die Software an sich, sondern erst die Reproduktion dieses *Codes* durch die seine alltägliche Nutzung zu dem Maß an Stabilität führt, die ihn als strukturelle Dimension der politischen Praxis in der Piratenpartei kennzeichnen.

9.1.2 „LiquidFeedack-Crash"

Inwieweit der *Code* von LQFB erst durch seine Reproduktion in der alltäglichen Praxis seine Wirkung als strukturierende Dimension auf das soziale Handeln entfaltet, wird deutlich, wenn man einen Blick auf die zumindest teilweise gescheiterte Einführung von LQFB in der Bundespartei wirft. Obwohl diese beim Bundesparteitag im Frühsommer 2010 mit großer Mehrheit beschlossen worden war, entfachte sich zum geplanten Start im August 2010 eine äußerst scharf und persönlich geführte Auseinandersetzung in der Partei, bei der sich zwei unversöhnliche Lager gegenüber zu stehen schienen. Im Kern der Auseinandersetzung standen mit der Transparenz von LQFB und seiner Delegationsfunktion zwei elementare Grundprinzipien der Software zur Debatte, die sich in Berlin bewährt hatten, die aber nach Meinung ihrer Kritiker unheilvolle Auswirkungen befürchten ließen.

Bei den Diskussionen um die Nachvollziehbarkeit des Systems zeigte sich der bereits in der Programmatik der Piratenpartei innewohnende Widerspruch zwischen der Forderungen nach Schutz der Privatsphäre und dem Transparenzgebot gegenüber der Politik. Während sich für die LQFB-Befürworter die Trans-

---

[171] Unter „technological spirit" verstehen Desanctis und Poole (1992) in die Software eingeschriebene Anweisungen, die eine wunschgemäße und stabilisierende Nutzung durch die Anwender beeinflussen sollen.

parenz von LQFB aus letzterem ableiten ließ, verwiesen die Gegner auf den ihrer Meinung nach mangelnden Schutz der Privatsphäre im System, womit sie LQFB als „Überwachungstool" diskreditierten.

Zudem wurde die Delegationsfunktion von seinen Kritikern abgelehnt, weil dadurch die Möglichkeit besteht, dass Delegationsempfänger im System Einfluss akkumulierten und dadurch nicht mehr alle Mitglieder gleichberechtigt auf eine Abstimmung („one man one vote") einwirkten. Außerdem schien es einige zu geben, die klassische Repräsentationssysteme in der Partei als unumgänglich ansahen und daher einen durch LQFB installierten „Gegenvorstand" befürchteten. Im Ergebnis führte der Konflikt im Sommer 2010 zu derart tiefgreifenden Verwerfungen in der Partei, dass mittlerweile auch einige Befürworter LQFB für „verbrannt" [172] halten, obgleich es nach wie vor auch in der Bundespartei im Einsatz ist.

Auch wenn zum jetzigen Zeitpunkt noch nicht absehbar ist, ob und in welchem Umfang sich LQFB als Werkzeug zur innerparteilichen Meinungs- und Willensbildung durchsetzen wird, zeigen die Auseinandersetzungen um LQFB, dass derselbe *Code* zwei völlig unterschiedliche Auswirkungen auf die politische Praxis in der Partei haben kann. Dies unterstreicht die Beschränkung der strukturierenden Wirkung des *Codes* auf die soziale Praxis, wenn er nicht mit den Sinn- und Bedeutungskonstruktionen der Akteure in Übereinstimmung gebracht werden kann. Damit legt der unterschiedliche Umgang mit LQFB erhebliche Differenzen zwischen dem Landesverband Berlin und der Bundespartei offen, die sich nicht nur aus verschiedenen Wahrnehmungsperspektiven ihrer Mitglieder, sondern auch aus Unterschieden in ihrer Organisationswirklichkeit erklären lassen.

9.2 Piraten-Community

Die im Landesverband Berlin verankerten *RealLife*-Beziehungen ermöglichen offensichtlich größeres Vertrauen in die Integrität ihrer Mitglieder und steigern damit die Akzeptanz der durch LQFB strukturierten Meinungs- und Willensbildungsprozesse. Im Rahmen der Bundespartei hingegen scheinen die Vertrauensstrukturen weniger stark ausgeprägt zu sein. Diese sind aufgrund der räumlichen Entfernung ihrer Mitglieder schwieriger herzustellen, und es scheint, dass die einzelnen Landesverbände durchaus unterschiedliche politische Kulturen ausbilden. Zudem zeigt die LQFB-Debatte, dass Vertrauen nur schwer in Online-Diskursen hergestellt werden kann, eher belegt ihr Verlauf das Gegenteil: Vertrauen kann in Online-Diskursen sehr leicht zerstört werden. Es fällt aber schwer,

---

[172] vgl. Jabbusch (2011)

die Vertrauensbasis, auf der sich die politische Praxis der Berliner Piraten gründet, auf die vorgefundenen Organisationsstrukturen im Landesverband zu beziehen. Da diese schwach ausgeformt sind, können sie nur wenig Anlass für einen Vertrauensvorschuss bieten. Vielmehr befördern die informellen *RealLife*-Kontakte der Berliner Piraten eine politische (Sub)Kultur, die weniger einer bestimmten Form von Organisation zugeschrieben werden kann, als sie im sozialen Feld der „Gemeinschaft" zu verorten ist.

In *Kapitel 2* wurden die Hoffnungen geschildert, die auf der Ausprägung neuer demokratischer Potenziale im Rahmen virtueller Gemeinschaften beruhen. Rheingolds VIRTUAL COMMUNITY (1994) beschreibt eine Gemeinschaft, die im Netz ein Geflecht persönlicher Beziehungen pflegt, bei der aber ebenso die Bindungskraft ihrer realweltlichen Begegnungen deutlich wird. Auch bei den Berliner Piraten lässt sich eine Form von Gemeinschaft beobachten, die sich in einem Netzwerk digitaler Kommunikation abbildet, deren vertrauensbildende Funktion ebenfalls in erster Linie durch die *RealLife*-Treffen ihrer Mitglieder befördert wird. So konnte im Feld beobachtet werden, wie die realweltlichen Treffen wichtige Verständigungsprozesse in einem breiten Spektrum an politischen und gesellschaftlichen Themen beförderten sowie inhaltliche und technische Barrieren beim Zugang zu den digitalen Diskursen in der Partei überwinden halfen (vgl. Kap. 6; Kap. 7). *RealLife*-Treffen stellen die vorrangigen Zugänge zur politischen Praxis in der Piratenpartei dar. Dabei wirkt sich die räumliche Nähe der Berliner Piraten genauso unterstützend auf die Bildung einer Piraten-Community aus, wie es bei Rheingolds VIRTUAL COMMUNITY in der Bay-Area von San Francisco der Fall war.

9.3 Die Netzpartei

Die Identifikation gemeinschaftlicher Strukturen bedeutet für die vorliegende Untersuchung nicht unbedingt, dass die Piratenpartei nun unter einem völlig veränderten Blickwinkel als die etablierten Parteien zu betrachten sei. Auch traditionelle Parteiorganisationen tragen mit dem unverzichtbaren Anteil, den die freiwilligen Leistungen[173] ihrer Mitglieder zu ihrer Reproduktion beitragen, Elemente gemeinschaftlicher Handlungsgebilde in sich. Allerdings ist ihre politische Praxis wesentlich enger von organisatorischen Strukturen gerahmt.

Für die Piratenpartei hingegen fehlt ein Maßstab, mit dem man die Anteile von Organisation und Gemeinschaft gegeneinander abwägen könnte. Bis zum jetzigen Zeitpunkt gibt es kein empirisch erforschtes Modell einer auf Basis von

---

[173] die auf einer hohen persönlichen Motivation beruhen und die von gemeinsam geteilten Werten und politische Leitbildern getragen werden

Netzwerken (postbürokratisch) verfassten Partei, die mit der Piratenpartei vergleichbar wäre. Zweifellos ist die Piratenpartei noch „in statu nascendi", und die Frage, ob und wie sich ihre bisher schwach ausgeprägten Organisationsstrukturen verfestigen werden, muss vorerst offen bleiben. Die eingangs der Untersuchung geäußerte Vermutung, dass im Prozess der Programmarbeit Entscheidungsstrukturen in der Partei sichtbar würden, ließ sich im Feld aber insofern bestätigen, als im Rahmen der Programmarbeit eine selbstverstärkende Stabilisierung der Gemeinschaft beobachtet werden konnte, die sich durch die (Rück)Koppelung zweier struktureller Dimensionen (*Relationen* und *Code*) auszeichnete. Indem die Beziehungen, welche die Berliner Piraten untereinander pflegen, im Hinblick auf die Nutzung von LQFB vertrauensbildend wirkten[174], verstärkten eben jene auf LQFB gefällten Entscheidungen wiederum die Gemeinschaft und damit auch ihre Vertrauensbasis. Im Endeffekt führte dies zu einer Konkretisierung gemeinsamer Wert- und Moralvorstellungen durch ein Grundsatzprogramm. Gemeinsame Wertvorstellungen sind aber nicht nur essentieller Bestandteil von Gemeinschaften, sie bilden genauso den Kern politischer Parteien, gerade weil sie sich als Freiwilligenorganisation reproduzieren und stabilisieren müssen.

Der Einsatz von LQFB mit seinen spezifischen Funktionen als Organisationsinstrument für politische Entscheidungen zeigt auch, dass im Rahmen der Programmarbeit ein Verständigungsprozess über Verfahrensweisen und prozedurale Legitimität stattfand. Daraus ergaben sich gemeinsame Überzeugungen über den Umgang mit den Abstimmungsergebnissen und damit über die grundsätzlichen Erwartungen, die an die Piratenpartei als Organisation gestellt werden.[175] Diese werden auch im Selbstverständnis der Piraten über die Bindung ihrer Repräsentanten an die LQFB-Entscheidungen zum Ausdruck gebracht. Sowohl der Landesvorstand, als auch viele der Kandidaten für die Landesliste zu den Abgeordnetenhauswahlen 2011 äußerten ein entsprechendes „republikanisches"[176] Selbstverständnis.[177]

---

[174] und so seinen Einsatz erst ermöglichten
[175] vgl. Luhmann (1981), der von einer Organisation in erster Linie erwartet, dass sie Entscheidungen produziert.
[176] Zur Unterscheidung von liberalem und republikanischem Demokratieverständnis s. a.: Habermas 1996.
[177] „Für den Fall, dass ich über die Piratenpartei Berlin ins Abgeordnetenhaus gewählt werden, gebe ich folgende Selbstverpflichtung ab:
Ich strebe es an, in inhaltlichen Fragen grundsätzlich den Beschlüssen der Parteibasis zu folgen, solange dies mit meinem Gewissen vereinbar ist. Soweit aus dem Liquid-Democracy-System der Piratenpartei Berlin konkrete Empfehlungen zu Abstimmungen im Abgeordnetenhaus hervorgehen, werde ich mich an diesen orientieren und jede Abweichung explizit begründen."
http://wiki.piratenpartei.de/wiki//index.php?title=Benutzer:Shw/Kandidatur_AHW/Selbstverpflichtung&printable=yes

9.3 Die Netzpartei

Bei der Untersuchung konnten sowohl Gemeinschafts- als auch Organisationsstrukturen ausgemacht werden, und es lässt sich konstatieren, dass die Piratenpartei in Berlin während der Entwicklung des Grundsatzprogrammes sowohl als Gemeinschaft als auch als Organisation ein Stück vorangekommen ist. Diese Weiterentwicklung ging vonstatten, ohne dass sich hierbei zentralistische und hierarchische Strukturen etablierten, was darauf schließen lässt, dass Effizienzprobleme, die durch die mangelnde Planbarkeit der politischen Praxis in der Partei entstanden, durch die Kommunikation in Online-Netzwerken kompensiert werden konnten. In der sich daraus ergebenen flexiblen Organisationsstruktur liegen die Chancen für eine neue partizipative (Netz)Politik.

Allerdings geben die Ergebnisse dieser Arbeit weniger Rückschlüsse auf die Entwicklung der Partei auf Bundesebene preis, als dass sie die Verankerung von Netzpolitik in einem lokalen Umfeld beschreiben. Ob sich die Piratenpartei im bundesdeutschen Rahmen als Organisation eher an dem bestehenden politischen System ausrichtet, indem sie traditionelle Strukturen entwickelt und sich so den etablierten Parteien angleicht, kann an dieser Stelle nicht beantwortet werden. Angesichts der enormen Potenziale zur Kritik und zur Kontrolle, welche die parteiinterne Netzöffentlichkeit ausbildet, scheint eine schnelle Entwicklung zu einer „normalen" Partei im Moment aber eher unwahrscheinlich. Die hochaktive Netzöffentlichkeit in der Piratenpartei lässt sich nicht im Rahmen einer bürokratisch verfassten Organisation mit traditionellen Strukturen „einfangen", sondern dafür ist ein politisches Zentrum vonnöten, dass mehr oder weniger direkt durch die basisdemokratisch orientierten Netzwerke in der Partei legitimiert wird.

Dies spricht dafür, dass der Piratenpartei mit ihrem Gründungsimpetus in der digitalen Welt der strukturelle *Code* einer „Netzpartei" eingeschrieben ist. Dieser *Code* trägt zwei charakteristische Merkmale von Online-Netzwerken in sich: Genauso wie er egalitäre Gemeinschaften auf lokaler Ebene strukturieren und stabilisieren kann, so ist er in der Lage, große Öffentlichkeiten – und damit kritische Kommunikationsmacht – zu entfesseln, die sich destabilisierend auf die Organisation auswirken kann. Folglich steht die Piratenpartei vor der Herausforderung, eine Organisationsform herauszubilden, welche die beiden widerstreitenden Merkmale ihres *Codes* miteinander ausgleicht.

Literaturverzeichnis

Ayaß, R./ Bergmann, R. (2006): Qualitative Methoden der Medienforschung. Hamburg: Rowohlt

Albrecht, S. (2010): Reflexionsspiele. Deliberative Demokratie und die Wirklichkeit politischer Diskussionen im Internet. Bielefeld: Transskript

Bachmann, G./ Wittel, A. (2006): Medienethnographie. In: Ayaß, R./ Bergmann, R. (Hrsg.). Qualitative Methoden der Medienforschung (S. 183-219). Hamburg: Rowohlt

Baecker, D. (2008). Studien zur nächsten Gesellschaft. Frankfurt a. M.: Suhrkamp

Bateson, G. (1983). Ökologie des Geistes. Anthropologische, psychologische, biologische und epistemologische Perspektiven. Frankfurt a. M.: Suhrkamp

Beck, K. (2006). Computervermittelte Kommunikation im Internet. München/Wien: Oldenbourg-Wissenschaftsverlag

Beck, U. (1993). Die Erfindung des Politischen. Frankfurt a. M.: Suhrkamp

Becker, B. (2003). Labour: Ende der totalen Kampagne. In: Althaus, M./ Cecere, V. (Hrsg.). Kampagne! 2 (S. 50-70). Münster: LIT-Verlag

Bell, D. (1976). The Coming of Post-Industrial Society. A Venture in Social Forecasting. New York: Basic Books

Benjamin, W. (1996): Das Kunstwerk im Zeitalter seiner technischen Reproduzierbarkeit. Frankfurt a. M.: Suhrkamp

Bieber, C./ Leggewie, C. (2004). Interaktivität. Ein transdisziplinärer Schlüsselbegriff. Frankfurt a. M.: Campus Verlag

Bisky, L. (2007). Politische Kommunikation in der Mediengesellschaft. In: Fromme, J./ Schäffer, B. (Hrsg.), Medien-Macht-Gesellschaft (S. 15-27). Wiesbaden: VS Verlag für Sozialwissenschaften

Blumberg, F. (2010). Partei der „digital natives"?. Eine Analyse der Genese und der Etablierungschancen der Piratenpartei. Berlin: Konrad-Adenauer-Stiftung

Bockmühl, E. (2008). Demokratische Willensbildung im Internetzeitalter. Hamburg: Verlag Dr. Kovač

Bongaerts, G. (2007). Soziale Praxis und Verhalten – Überlegungen zum Practice Turn in Social Theory. In: Zeitschrift für Soziologie Jg. 36, Nr. 12, Dezember 2007 (S. 53-55).

Bongaerts, G. (2008). Verdrängung des Ökonomischen. Bordieus Theorie der Moderne. Bielefeld: Transcript

Bourdieu, P. (1979a). Entwurf einer Theorie der Praxis. Frankfurt a. M: Suhrkamp

Bourdieu, P. (1979b). Die feinen Unterschiede. Kritik der gesellschaftlichen Urteilskraft. Frankfurt a. M: Suhrkamp

Bourdieu, P. (1983). Ökonomisches Kapital, Kulturelles Kapital, Soziales Kapital. In: Kreckel, R. (Hrsg.): Soziale Ungleichheit, Göttingen: Schwartz Verlag

Bourdieu, P. (1987). Sozialer Sinn. Kritik der theoretischen Vernunft. Frankfurt a. M: Suhrkamp

Bräuer, M./ Seifert, M./ Wolling, J. (2008). Politische Kommunikation 2.0 – Grundlagen und empirische Ergebnisse zur Nutzung neuer Partizipationsformen im Internet. In: Zerfaß, A./ Welker, M./ Schmidt, J. (Hrsg.). Kommunikation, Partizipation und Wirkungen im Social Web (S. 188-209). Köln: Halem-Verlag.

Brecht, B. (1967). Der Rundfunk als Kommunikationsapparat. In: gesammelte Werke, Bd. 18. Frankfurt a. M.: Suhrkamp.

Castells, M. (2002a). Der Aufstieg der Netzwerkgesellschaft. Teil 1 der Trilogie „Das Informationszeitalter". Opladen: Leske + Budrich

Castells, M. (2002b). Die Macht der Identität. Teil 2 der Trilogie „Das Informationszeitalter". Opladen: Leske + Budrich

Castells, M. (2003). Jahrtausendwende. Teil 3 der Trilogie „Das Informationszeitalter". Opladen: Leske + Budrich

Cohen, J. (1989). Deliberation and Democratic Legitimacy. In: Hamlin, A./ Pettit, B. (Hrsg.). The Good Polity (S. 17-34). Oxford: Blackwell

Crouch, C. (2008). Postdemokratie. Frankfurt a. M.: Suhrkamp Verlag

Davis, R. (1999). The Web of Politics. The Internet's Impact on the American Political System. New York: Oxford University Press

Desanctis, G./ Poole, M. S. (1994). Capturing the complexity in advanced technology use: adaptive structuration theory. In: Organization Science, 5(2) (S. 121-147)

Eberle, T. S. (1984). Sinnkonstitution in Alltag und Wissenschaft. Der Beitrag der Phänomenologie an die Methodologie der Sozialwissenschaften. Bern/ Stuttgart: Haupt

Eliasoph, N. (1998). Avoiding Politics. How Americans Produce Apathie in Everyday Life. Cambridge: Cambridge University Press

van Eimeren, B./ Frees, B. (2010). ARD/ZDF-Online-Studie 2010. Fast 50 Millionen Deutsche online – Multimedia für alle?. In: Media Perspektiven 7-8/2010 (S. 334-349)

Flick, U./ Kardoff; v. E./ I. Steinke (2004). Qualitative Forschung. Hamburg: Rowohlt

Foucault, M. (1977). Überwachen und Strafen. Die Geburt des Gefängnisses. Frankfurt am Main: Suhrkamp

Literaturverzeichnis 113

Froschauer, U./ Lueger, M. (2003): Das qualitative Interview. Zur Praxis interpretativer sozialer Systeme. Wien: Facultas

Garfinkel, H. (1986). Ethnomethodological Studies of Work. London: Routledge & Kegan Paul

Geertz, C. (1987). Dichte Beschreibung. Bemerkungen zu einer deutenden Theorie von Kultur. In: Geertz, C. (Hrsg.). Dichte Beschreibung. Beiträge zum Verstehen kultureller Systeme (S. 7-43). Frankfurt a. M.: Suhrkamp

Gerhards, J./ Neidhardt, F./ Rucht, D. (1998): Zwischen Palaver und Diskurs. Strukturen öffentlicher Meinungsbildung am Beispiel der deutschen Diskussion zur Abtreibung. Opladen: Westdeutscher Verlag

Giddens, A. (1988). Die Konstitution der Gesellschaft. Grundzüge einer Theorie der Strukturierung. Frankfurt a. M.: Campus-Verlag

Gläser, J. (2005). Neue Begriffe, alte Schwächen: virtuelle Gemeinschaft. In: Jäckel, M/ Mai, M. (Hrsg.). Online-Vergesellschaftung? Mediensoziologische Perspektiven auf neue Kommunikationstechnologien (S. 51-72). Wiesbaden: VS-Verlag für Sozialwissenschaften.

Goffman, E. (1980). Rahmen-Analyse. Ein Versuch über die Organisation von Alltagserfahrungen. Frankfurt a. M.: Suhrkamp

Gore, A. (1994). Forging a new Athenian Age of democracy. In: Intermedia Bd. 22 H. 2 (S. 4-7)

Grossman, L. K. (1998). Der Traum des Nebukadnezar. Demokratie in der Ära des Internet. In: Leggewie, C./ Maar, C. (Hrsg). Internet & Politik. Von der Zuschauer- zur Beteiligungsdemokratie? (S. 85-96). Köln: Bollmann-Verlag

Habermas, J. (1962). Strukturwandel der Öffentlichkeit. Untersuchungen zu einer Kategorie der bürgerlichen Gesellschaft. Neuwied: Hermann Luchterhand Verlag

Habermas, J. (1981a). Theorie des kommunikativen Handelns. Band 1 – Handlungsrationalität und gesellschaftliche Rationalisierung. Frankfurt a. M.: Suhrkamp

Habermas, J. (1981b). Theorie des kommunikativen Handelns. Band 2 – Zur Kritik der funktionalistischen Vernunft. Frankfurt a. M.: Suhrkamp

Habermas, J. (1994). Faktizität und Geltung. Beiträge zur Diskurstheorie des Rechts und des demokratischen Rechtsstaats. Frankfurt a. M.: Suhrkamp

Habermas, J. (1996). Die Einbeziehung des Anderen. Frankfurt a. M.: Suhrkamp.

Habermas, J. (2008). Ach, Europa. kleine politische Schriften XI. Frankfurt a. M.: Suhrkamp

Hine, C. (2000). Virtual Ethnography. London: Sage

Hine, C. (2006): Virtual Methods. Issues in Social Research on the Internt. Oxford: Berg

Höflich, J. R. (1998). Computerrahmen und die undifferenzierte Wirkungsfrage – oder: Warum erst einmal geklärt werden muss, was Menschen mit dem Computer machen. In: Rössler, P. (Hrsg.): Online-Kommunikation. Beiträge zu Nutzung und Wirkung (S.47- 64). Opladen: Westdeutscher Verlag

Jabbusch, S. (2011). Liquid Democracy in der Piratenpartei. Eine neue Chance für innerparteiliche Demokratie im 21. Jahrhundert? Unveröffentlichte Magisterarbeit an der Universität Greifswald.

Johnson, D./ Bimber, B. (2004). The Internet and Political Transformation Revisited. In: Feenberg, A./ Barney, D. (Hrsg.). Community and Digital Age. Philosophy and Practice (S. 239-261). Lanham: Rowman and Littlefield

Katz, E./ Foulkes, D. (1962). On the use of the massmedia as „escape". Clarification of a concept. Public Opinion Quarterly (26) (S. 377-388)

Kamps, K. (1999). Perspektiven elektronischer Demokratie. In: Kamps, K. (Hrsg.). Elektronische Demokratie? Perspektiven politischer Partizipation. Opladen: Westdeutscher Verlag

Kirchheimer, O. (1965). Der Wandel des westdeutschen Parteisystems. In: Politische Vierteljahresschrift 6 (S. 20-41). Wiesbaden: Verlag für Sozialwissenschaften

Kleger, H. (1998). Direkte und transnationale Demokratie. Die neuen Medien verändern die repräsentative Demokratie. In: Leggewie, C./ Maar, C. (Hrsg.). Internet & Politik. Von der Zuschauer- zur Beteiligungsdemokratie? (S.97-110). Köln: Bollmann-Verlag

Krotz, F. (2005). Handlungstheorien. In: Mikos, L./ Wegener, C. (Hrsg); Qualitative Medienforschung. Konstanz: UVK-Verlagsgesellschaft

Lamnek, S. (1995). Qualitative Sozialforschung Band 1. Methodologie. Weinheim: PVU-Verlag

Leggewie, C. (2007). Von der Politik- zur Gesellschaftsberatung, Neue Wege öffentlicher Konsultation. Frankfurt a. M.: Campus Verlag

Leggewie, C./ Maar, C. (1998). Internet & Politik, Von der Zuschauer- zur Beteiligungsdemokratie? Köln: Bollmann-Verlag

Lessig, L. (2006). Code. version 2.0. New York: Basic Books

Levi-Strauss, C. (1967). Strukturale Anthropologie. Frankfurt a. M.: Suhrkamp

Lipset, S. M./ Rokkan, S. (1967): Cleavage Structures, Party Systems and Voter Alignments. An Introduction. In: Lipset, S. M./ Rokkan, S. (Hrsg.). Party Systems and Voter Alignments. Cross-National Perspectives (S. 1–64) New York: Free Press

Lüders, C. (2004). Beobachten im Feld und Ethnographie. In: Flick, U./ Kardoff, v. E./ Steinke, I. (Hrsg.). Qualitative Forschung (S. 385-401). Hamburg: Rowohlt

Luhmann, N. (1981). Organisation und Entscheidung. In: Luhmann, N. (Hrsg.). Soziologische Aufklärung 3. Opladen: Westdeutscher Verlag

Luhmann, N. (1984). Soziale Systeme. Grundriss einer allgemeinen Theorie. Frankfurt a. M.: Suhrkamp

Luhmann, N. (1996). Die Realität der Massenmedien. 2. erweiterte Auflage. Opladen: Westdeutscher Verlag

Luhmann, N. (2011). Organisation und Entscheidung. Wiesbaden: VS-Verlag

Literaturverzeichnis 115

Meckel, M. (1999). Cyberpolitics and Cyberpolicy. In: Kamps, K. (Hrsg.). Elektronische Demokratie? Perspektiven politischer Partizipation (S. 229-244). Opladen: Westdeutscher Verlag

Mikos, L., (2005). Teilnehmende Beobachtung. In: Mikos, L./ Wegener, C. (Hrsg); Qualitative Medienforschung. Konstanz: UVK-Verlagsgesellschaft

Mikos, L./ Wegener, C. (2005). Qualitative Medienforschung. Konstanz: UVK-Verlagsgesellschaft

Moorstedt, T. (2008). Jeffersons Erben. Frankfurt a. M.: Suhrkamp

Norris, P. (2000). A Virtuous Cycle. Political Communications in Postindustrial Societies. Cambridge: Cambrigde University Press

Parsons, T. (2003). Das System moderner Gesellschaften. München: Juventa

Peters, B. (2007). Der Sinn von Öffentlichkeit. Frankfurt a. M.: Suhrkamp

Perlot, F. (2008). Deliberative Demokratie und Internetforen – Nur eine virtuelle Diskussion? Baden- Baden: Nomos Verlag

Putnam, R. (2000). Bowling Alone. The Crumbling and Revival of American Community. New York: Simon & Schuster

Reese-Schäfer, W. (1991). Jürgen Habermas. Frankfurt a. M.: Campus Verlag

Reckwitz, A. (1997). Struktur. Zur sozialwissenschaftlichen Analyse von Regeln und Regelmäßigkeiten. Opladen: Westdeutscher Verlag

Rheingold, H. (1994). Virtuelle Gemeinschaft. Soziale Beziehungen im Zeitalter des Computers. Bonn/Paris/Reading (Massachusetts): Addisson-Wesley

Rössler, P. (1998). Online-Kommunikation. Beiträge zu Nutzung und Wirkung. Opladen: Westdeutscher Verlag

Sarcinelli, U. (1998). Politikvermittlung und Demokratie in der Mediengesellschaft. Bonn: Bundeszentrale für politische Bildung

Sarcinelli, U./ Tenscher, J. (2008). Politikherstellung und Politikdarstellung. Beiträge zur politischen Kommunikation. Köln: Halem-Verlag

Sartre, J. P. (1985). Das Sein und das Nichts. Hamburg: Rowohlt

Schmidt, J. (2006). Weblogs. Eine kommunikationssoziologische Studie. Konstanz: UVK-Verlagsgesellschaft

Schmidt, J. (2009). Das neue Netz. Merkmale und Praktiken des Web 2.0. Konstanz: UVK-Verlagsgesellschaft

Schönberger, K. (2005). Persistente und rekombinante Handlungs- und Kommunikationsmuster in der Weblog-Nutzung. Mediennutzung und soziokultureller Wandel. In: Schütz, A./ Habscheid, S./ Holly, W./ Krems, J./ Voß, G. (Hrsg.). Neue Medien im Alltag. Befunde aus den Bereichen: Arbeit, Leben und Freizeit (S. 276-294). Lengerich: Pabst Science Publishers

Seubert, S. (2009). Das Konzept des Sozialkapitals. Eine demokratietheoretische Analyse. Frankfurt a. M.: Campus-Verlag

Schuegraf, M./ Meier, S. (2005). Chat- und Forenanalyse. In: Mikos, L./ Wegener, C. (Hrsg). Qualitative Medienforschung (S. 425-435). Konstanz: UVK-Verlagsgesellschaft

Stegbauer, C. (2001). Grenzen virtueller Gemeinschaft. Strukturen internetbasierter Kommunikationsforen. Wiesbaden: Westdeutscher Verlag

Thaa, W. (2007). Einleitung. In: Thaa, W. (Hrsg.). Inklusion durch Repräsentation. (S. 9-16). Baden- Baden: Nomos Verlag

Thompson, J. B. (1995). The Media and Modernity. A Social Theory of the Media. Cambrigde: Polity

Tönnies, F. (1991 {1887}). Gemeinschaft und Gesellschaft. Darmstadt: Wissenschaftliche Buchgesellschaft

Weber, M. (1984). Soziologische Grundbegriffe. Tübingen: Mohr

Wiesendahl, E. (1998). Parteien in der Perspektive. Theoretische Ansichten der Organisationwirklichkeit politischer Parteien. Opladen: Westdeutscher Verlag

Wiesendahl, E. (2006). Parteien. Frankfurt a. M.: Fischer Taschenbuchverlag

Wimmer, J. (2008). Gegenöffentlichkeit 2.0. Formen, Nutzung und Wirkungen kritischer Öffentlichkeit im Social Web. In: Zerfaß, A./ Welker, M./ Schmidt, J. (Hrsg.). Kommunikation, Partizipation und Wirkungen im Social Web (S. 210-230). Köln: Halem-Verlag.

Wolff, S. (2004). Wege ins Feld und ihre Varianten. In: Flick, U./ Kardoff, E./ v. Steinke, I. (Hrsg.). Qualitative Forschung (S. 334-349). Hamburg: Rowohlt

Wolff, S. (2004). Dokumenten- und Aktenanalyse In: Flick, U./ Kardoff, E./ v. Steinke, I. (Hrsg.). Qualitative Forschung (S. 502-513). Hamburg: Rowohlt

Zerfaß, A./ Welker, M./ Schmidt, J. (2008). Kommunikation, Partizipation und Wirkungen im Social Web. Köln: Halem-Verlag.

Zittel, T. (2003). Vernetzte politische Kommunikation als amerikanischer Sonderweg? In: Esser, F./ Pfetsch, B. (Hrsg.). Politische Kommunikation im internationalen Vergleich. Grundlagen, Anwendungen, Perspektiven (S. 259-280). Opladen: Westdeutscher Verlag.

Zolleis, U./ Prokopf, S./ Strauch, F. (2010). Die Piratenpartei. Hype oder Herausforderung für die deutsche Parteienlandschaft. München: Hanns-Seidel-Stiftung

Internetquellen

http://bundesrecht.juris.de/partg/ (13.01.2011)
http://www.bundeswahlleiter.de/de/bundestagswahlen/BTW_BUND_09/ergebnisse/bundesergebnisse/index.html (28.05.2011)
http://www.faz.net/s/Rub594835B672714A1DB1A121534F010EE1/Doc~E1276A0D00D7B4B8996322FF9062C8A64~ATpl~Ecommon~Scontent.html (22.3.2011)
http://www.heise.de/newsticker/meldung/Piraten-auf-Backbord-Kurs-1139581.html (07.01.2011)
http://liquidfeedback.org/projekt/#1 (21.10.2011)
https://lqfb.piratenpartei.de/ (22.03.2011)
https://lqpp.de/be/initiative/show/882.html?tab=voting (01.06.2011)
https://lqpp.de/be/usage_terms/usage_terms.html (15.04.2011)
http://meedia.de/details/article/piratenpartei-besiegt-etablierte-parteien_100022710.html (07.01.2011)
http://www.schmidtmitdete.de/pdf/AbschlussberichtSCHM2359_11.pdf (13.05.11)
http://www.spiegel.de/netzwelt/netzpolitik/0,1518,710321,00.html (07.01.2011)
http://www.spiegel.de/politik/deutschland/0,1518,642348,00.html (21.3.11)
http://www.spiegel.de/politik/deutschland/0,1518,730336,00.html (07.01.2011)
http://www.stern.de/politik/deutschland/:stern-Umfrage-Parteiarbeit-Nein/600260.html (22.03.08)
http://www.sueddeutsche.de/politik/piraten-parteitag-in-chemnitz-kernis-vollis-und-der-traum-von-fuenf-prozent-1.1026404 (07.01.2011)
http://www.swr.de/nachrichten/bundestagswahl/-/id=4869426/nid=4869426/did=5402104/1cvrfvw/ (13.04.2011)
http://www.taz.de/!40866/ (13.10. 2011)
www.wahlradar.de (16.09.09, nicht mehr verfügbar)
http://de.wikipedia.org/wiki/Delegated_Voting (20.10.2011)
http://de.wikipedia.org/wiki/Piratenparteien (21.3.11)
http://wiki.piratenpartei.de/2010-06-20_-_Protokoll_Vorstandssitzung_Landesverband_Berlin#Beauftragung_Squad_Grundsatzprogramm (27.04.11)
http://wiki.piratenpartei.de/BE:BerlinerProgramm (07.01.2011)
http://wiki.piratenpartei.de/BE:Grundsatzprogramm/Archiv (20.04.11)
http://wiki.piratenpartei.de/BE:Kandidat_Pavel_Mayer (07.01.2011)
http://wiki.piratenpartei.de/BE:LiquidFeedback_Themendiskussion/381 (23.05.11)
http://wiki.piratenpartei.de/BE:Mitglieder (14.10.11)
http://wiki.piratenpartei.de/BE:Mitglieder (01.05.11)

http://wiki.piratenpartei.de/BE:Mitglieder (31.12.2010)
http://wiki.piratenpartei.de/BE:Parteitag/2010.2 (07.01.2011)
http://wiki.piratenpartei.de/BE:Parteitag/2010.2/Protokoll (10.10.11)
http://wiki.piratenpartei.de/BE:Protokoll_LMV_Berlin_2010.1#Abstimmung_.C3.BCber_ Antr.C3.A4ge_zu_Bezirksverb.C3.A4nden (07.01.2011)
http://wiki.piratenpartei.de/BE:Squadkonzept (19.04.11)
http://wiki.piratenpartei.de/BE:SQUADs (28.04.11)
http://wiki.piratenpartei.de/Benutzer:SD/LQFB-Statistiken_Berlin (01.06.2011)
http://wiki.piratenpartei.de/Berlin/Crewkonzept (07.01.2011)
http://wiki.piratenpartei.de/Berlin/Crews/Guybrush_Threepwood (07.01.2011)
http://wiki.piratenpartei.de/Berlin/Crews/Guybrush_Threepwood/Treffen_am_05.08.2009 (22.03.2011)
http://wiki.piratenpartei.de/Datei:Mitgliedergrafik-LV-Berlin.png#file (01.05.11)
http://piratenpad.de/grundsatzprogrammberlin (zuletzt abgerufen 09.10.11)
http://wiki.piratenpartei.de/Hauptseite (18.04.2011)
http://wiki.piratenpartei.de/Kommunikation (22.05.11)
http://wiki.piratenpartei.de/Liquid_Democracy (07.01.2011)
http://wiki.piratenpartei.de/Piratenwiki (13.04.11)
http://wiki.piratenpartei.de/wiki//index.php?title=BE:Grundsatzprogramm/LF-Beschlüsse (09.10.11)
http://wiki.piratenpartei.de/wiki//index.php?title=Benutzer:Shw/Kandidatur_AHW/Selbst verpflichtung&printable=yes (24.09.2011)
http://www.youtube.com/watch?v=f6KtxIwQrkw&fmt= (07.01.2011)

Anhang

Die Interviews wurden mit folgenden Personen geführt:

(in chronologischer Reihenfolge)

Martin Haase (28.10.10)
Lena Rohrbach (30.10.10)
Pavel Mayer (03.11.10)
Andreas Baum (04.11.10)
Leena Simon (04.11.10)
Christopher Lauer (05.11.10)
Gerwald Claus-Brunner (05.11.10)
Martin Delius (06.11.10)

MIX
Papier aus verantwortungsvollen Quellen
Paper from responsible sources
FSC® C105338

If you have any concerns about our products,
you can contact us on
ProductSafety@springernature.com

In case Publisher is established outside the EU,
the EU authorized representative is:
**Springer Nature Customer Service Center GmbH
Europaplatz 3, 69115 Heidelberg, Germany**

Printed by Libri Plureos GmbH
in Hamburg, Germany